イッカを手放して
イマを身軽に
生きる方法

家族が多いからこそ!
忙しいからこそ!
ミニマルな暮らしに

整理収納アドバイザー　みや

MdN
エムディエヌコーポレーション

はじめに

はじめまして、みやと申します。この本を手に取ってくださり、ありがとうございます。

表紙カバーの写真は、私のクローゼットです。すっきりしていて使いやすいですが、あの写真を見て「どうしてあんなに服が少ないの？」「うちは子どもがいるから無理」と思った人も多いでしょう。かつての私もそうでした。

わが家は3人の子ども（長女12歳、次女10歳、長男7歳）と夫と私の5人暮らし。私は日々子育てに奮闘しながら、仕事も続けているワーキングマザーです。家事、育児、仕事に追われながら「時間がない」が口グセでした。

日々忙しすぎて家の中は片づくことがなく、ものがあふれ返った部屋で過ごすことが当たり前でした。そんな状況にストレスがたまり、もともと浪費家で買いものが好きだったこともあり「ストレス発散に買いもの→どんどんものが増える」という負のループのなかにいました。

そんな私が片づけをはじめたのは約4年前。きっかけは、心のなかにモヤモヤっとあった「このままではいけない気がする」という、ちょっとした違和感に気づいたことでした。

はじめは夢中でものを減らしました。そして、ものを取捨選択することの難しさや迷いを感じながら片づけていくうちに、少しずつ自分自身の「大切にしたいこと」が浮き彫りになっていきました。そんな片づけの様子をありのままSNSに投稿したら、たくさんの方が共感してくれたのです。「みんな私のように手放せなくて困っているんだ」「片づけのノウハウはあってもなかなか片づけられないんだ」ということを、SNSを通して知りました。

私自身、もともと片づけや整理収納には興味があって、何度も片づけてきたけどリバウンドを繰り返していました。やり方はわかっているはずなのにキープできないのは、私は片づけがヘタだからだと思っていたんです。

でもそれは思い込みでした。この4年間はリバウンドもせず、いまでは片づけが暮らしの一部、習慣になっています。「みやさんの投稿を見ていると自分のペースで片づけていいんだと思えます」「迷っていいんだと思えて心が軽くなりました」「等身大の投稿にいつも背中を押してもらっています」など、SNSに届くメッセージも、片づけを継続する支えになっています。

この本は、片づけたいけど何からはじめたらいいのかわからない、ノウハウはあるのに片づけられない、時間がなくて後回しにしがち、今の状況から抜け出したい、という方に読んでいただきたいです。

片づけは決して難しいことではなくて、ちょっとしたコツで習慣にすることができます。私も未熟でまだまだ発展途上ですが、悩みながら解決してきたことが、少しでもみなさんの片づけのヒントになったらうれしいです。

イツカを手放して イマを身軽に 生きる方法

目次

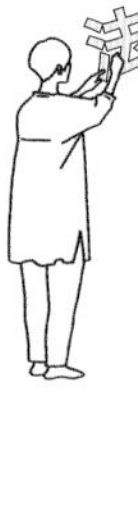

はじめに 2

chapter 1
ものを手放してわかったこと 10

1 片づけのきっかけはとにかく変わりたかったから 12
2 かつては「ものが心を満たしてくれる」そんな幻想を抱いていた 14
3 ひたすら「捨てる」。それでは何も変わらなかった 16
4 整いはじめたのは、家族と一緒に取り組むことにしてから 18
5 欲しかったのは家族との時間。片づけはそれを得るための手段 20
6 片づけたり管理する時間をほかの時間に使いたい 22
7 私はものが少ないほうが「自分らしく」「ラクに」生きられる 24
8 家って心地いい。そう思える時間ができた 26

chapter 2
自分のものの手放し方 28

1 あふれんばかりの服を目の前に「着る服がない」がログセに 32
2 優先したいのは値段や流行よりも「着たい」という気持ち 34
3 減らすことで見えてきたのは自分が本当に好きな服 36
4 パーソナルカラーと骨格診断でわかった、自分に似合う色・形 38
5 "好き"とプロの助言で選んだ20着。いまの私にはこれがちょうどいい 40
6 服を減らして芽生えたのはアクセや小物で楽しむ気持ち 46

7 少ない服でも十分足りているのはすべてがスタメンだから 48
8 2年ぶりに新調した服が教えてくれた本当の「愛着」 50
9 本当に好きな服だからこそ「手間をかけても着たい」と思える 52
10 大事にしたのは「いつか着る」ではなく「いま着たい」 54
〈私はこんな服を手放しました〉
1年以上出番がなかった服 55
ほつれ、汚れ、着用感がある 56
着心地がよくない服 57
似たようなデザインの服 58
手入れに手間がかかるニット 59
11 ラクに手放すことができたのは「捨てる」以外の方法を知ったから 60
〈私はこんな方法で手放しました〉
フリマアプリに出品する 61
リサイクルショップで買い取ってもらう 62
リサイクル回収ボックスを活用する 63
12 「手放す」ことが目的じゃない。迷ったときは後回しでいい 64
13 時間ができたらバッグも心も軽くなった 66

chapter 3

家族のものの手放し方

68
1 自分が変わったことで家族も自然と変化 72
2 いまでは家族それぞれが快適な空間をつくれるように 74
3 「無理強い」はしない。手放すかどうかは本人次第 76
4 「何を手放すか」より「何が大切か」 77
おもちゃを手放すには 78
子ども服を手放すには 82
作品を手放すには 84
文房具を手放すには 86
プリント類を手放すには 87
写真を手放すには 88
思い出の品を手放すには 89

5 「人にゆずる」は、ときに相手を苦しめることも 90

6 おこづかい制にすることで「何が優先か」を考えるように 92

7 自分の好きなものだから自分で管理する 94

8 一緒に片づけると夫が「何を大切にしているのか？」も見えてきた 96

chapter 4 すっきりをキープするためには

98

1 片づけは暮らしの一部。毎日の習慣だけど最優先にはしない 100

2 できたことを「書きとめておく」ことも片づけを習慣化するコツ 102

3 買うのは簡単。でも捨てるのは大変だから増やさない工夫も必要 104

〈私はこう維持しています〉

1つ買ったら1つ以上手放す 105

ハンガーは数を決めておく 106

着用した服は一定方向から戻す 107

ときどき手に取って状態を点検 108

欲しいものは手帳に記録して吟味 109

試着は必須。ネットでは買わない 110

クローゼットに余白を残す 111

4 ものの数を増やさないためにも「専用」はつくらない 112

すっきり「キッチン」をキープするには 113

すっきり「洗面所」をキープするには 114

すっきり「ファミリークローゼット」をキープするには 115

5 ものに適した収納グッズで持ち出しも片づけも時短に 116

6 暮らしをアップデートしてくれるものもある 118

chapter 5

ものともに手放した思考と習慣 120

1 大事なのは人がどう思うかより自分が着たいかどうか 122

2 ネガティブな自分を服で隠すことをやめた 124

3 こだわりや決めつけをするのはやめた 126

4 何でも後回しにするクセをやめた 128

5 過度なアルコールや残業をやめた 130

6 身軽になったら時間が増えて自然とできることも増えた 132

〈無理なくできるようになったこと〉

片づけや掃除 133

貯金やお金の管理 134

コミュニケーション 135

最後まで使い切ること 136

時間を大切にすること 137

7 大切なことを見失わないようにあれこれ欲張るのをやめた 138

8 不安がないのは「いまがずっと続く」。そう思えているから 140

おわりに 142

chapter 1

ものを手放してわかったこと

４年前のある日、突如はじまった私の片づけ。
最初は私の独走でしたが、次第に家族も巻き込きこむことで、
わが家に心地いい空間が生まれていきました。
空間が変わると時間が増えて、気持ちにも余裕ができていく…。
ものを「手放す」ことや「片づけ」から得られたことは、想像の何十倍！
いくつもの気づきが、私の心と生活を変えてくれました。

ものを手放してわかったこと 1

片づけのきっかけはとにかく変わりたかったから

「このまま、40歳を迎えられない！」そんな思いが降って沸いてきたのは、39歳と11か月のとき。2018年の冬でした。

それまでの私はというと…ただただ時間に追われる毎日。子ども3人の育児と家事、そして仕事。状況はいまも同じなのに、とにかくあの頃は慌ただしく、座っている時間もありませんでした。もちろんそんな私に、部屋を片づける余裕なんて微塵もありません。だから、家は常に荒れ放題。おまけに「忙しい、時間がない」が口グセで、いつもイライラ…。そんな感じだったから夫ともうまくコミュニケーションも取れず、どこかギクシャクした日々が続いていました。そして、元来の浪費グセは、超絶ストレスフルな日々によって勢いを増し、加えてお酒の量も増えていく…。そんな悪循環の沼にハマっていたんです。

でも、40歳目前に突如「まずい！」「変わりたい！」という思いが降臨。そしてはじめたのが「片づけ」とその状況を発信するためのインスタグラムです。「どうして片づけ…？」と聞かれることもありますが、じつは特別「片づけ」がしたかったわけではありません。とにかく、「仕事」「子育て」以外のことがしたかった。何でもいいから、「自分のため」の行動をしたかった。だから運動でも勉強でも何でもよかったのですが、「すぐにできること」が片づけでした。身のまわりの「もの」を捨てて、捨てて、減らせば「きっと何かが変わる！」そんな思いではじめたのが、私の「片づけ」です。

かつては「ものが心を満たしてくれる」そんな幻想を抱いていた

いまでこそ「ものが少ない暮らし」をしている私ですが、約4年前までは、部屋のあっちこっちにもの、もの、もの！　いまの住まいは、収納場所も多いのですがまったく収まりません。常にものが散乱している状態が「当たり前」だったのです。

そんなものがあふれる暮らしのはじまりは、約20年前にさかのぼります。社会人になって自由なお金を手にした私は、服、バッグ、靴…見るものをホイホイと毎月、毎月購入していました。当時は実家暮らしでしたが、部屋には常に服が山積み…。あまりの浪費ぶりを、母が心配するほどだったのです。そして、その浪費グセは結婚後も変わらず、つい4年前まで続きました。

ところでそんな膨大な数の服を着る機会

があったのかというと…ほぼ着ていません。だから値札がついた服もたくさん！ これはのちに自分と向き合ってはじめてわかったことですが、私は必要だから買っていたのではなく「買うこと」「所有すること」が目的になっていたんです。モヤモヤ、イライラ、満ち足りない。その心のざわつきや隙間を「ものが満たしてくれる」「服が幸せにしてくれる」そんな幻想を抱いていたのだと思います。ところがものが増えるほどに部屋は散らかり、目の前の雑念も増すばかり。満たされるどころか、心もどんどん荒れていきました。それでも当時は不要なものを買っているとはまったく思えず…。「あふれるものも苦しみの種だった」それに気づいたのも、ものを減らしてからでした。

Before

あちこちの収納が、ギュウギュウ詰め！

4年前のわが家は、私のクローゼットをはじめ、あちこちの収納にものがいっぱい。詰め込めるだけ、詰め込んでいたので扉を開ければものが崩れ落ちてきたりすることも。もちろんどこに何が入っているかもわかりません。さらに収まり切れないものが、部屋の中にもあふれていました。

ものを手放してわかったこと 3

ひたすら「捨てる」。それでは何も変わらなかった

私の「捨てる日々」がスタートしたのは、2019年の年明け。帰省していた夫の実家から自宅に戻った日の夜、思い立ったように洗面所の不要なものを捨てました。

そして、その日を機に、何かにとりつかれたように(笑)黙々とものを手放す私…。そんな姿に家族は、「いったい何が起こったの!?」と驚いたようですが…当然ですよね。なにせ、これまでものを溜めに溜め込んでいた私が、突然、捨てに捨てまくっているのですから…。しかも私は、家族に相談も説明もしませんでした。家族を巻き込んだり、強要したりするわけでもなく、ひたすら単独で突っ走っていたんです。

私はやりはじめたらとことんやりたいタイプ。困惑する家族に脇目もふらず、「捨てれば変わる!」と信じて、捨て続けていました。それに、片づければ「家族も居心地がよくなる」「家族のため!」とも思っていました。自分も変われるし、家族も喜んでくれるなんて一石二鳥。これはいい!と、希望に胸膨らませていたんです。

しかし夫の目に当時の私は、「無理をしている」ようにも映ったようです。「やりすぎでは!?」「少し捨てるのを休んだら?」と声をかけてくれても、私は「なんで!? 家族のためだし」と、その忠告を突き返すばかり。それではお互い気分はよくないですよね。

ギクシャクした家族間の空気がイヤだった。だから、「変わりたい」と思って、片づけをはじめたのに…。むしろ悪くなっていってしまったんです。

ものを手放してわかったこと

整いはじめたのは、家族と一緒に取り組むことにしてから

「家族のために」とも思って次々とものを手放していたけれど、それは独りよがりでした。私としては、「家族が喜ぶ」という気持ち満々だったので、きつねにつままれたような気分（笑）。けっこう衝撃的でした。

それから夫には「捨てることが目的になっている」とも言われました。何のために手放しているのか。片づけているのか…。実際、「手放した」先の目的にはたどり着いていないのだから、夫の言葉はごもっとも。私も、それに気づきはじめたんです。

「家族のために」と思うならばなおさら、家族の理解が必要なんですよね。そこで、家族と話し合って、みんなで一緒に片づけることを提案したんです。

私自身も、どこに向かっているのかわからず迷走していたことは、たしか。でも、ものが減っていくことで、少しずつ使い勝手がよくなったり、インスタの投稿を見て、心を動かしてくれる人がいることもたしかでした。そういったことも、家族に話しました。そして、これまでのように突っ走るのではなく、家族でできることを、家族のペースで進めていくことにしました。

「いい方向」へ向かいはじめたのは、ここからかなと思います。

これまでは「家族を巻き込まない」ことこそが、家族のためで正解だと思っていました。そうではなく、大事なのは「家族と一緒に」ということだったんです。それに気づくと、部屋の景色はもちろん、家族の間の空気もじわじわと変わっていきました。

欲しかったのは家族との時間。片づけはそれを得るための手段

「来客があるから片づける」。それが、以前の私のスタイルでした。お客さまが来る直前までバタバタ片づけて、結局どうにもならず、隠し部屋にものを押し込んで…。

そんなことだからイライラするし、ものはなくなるし…。いつしか、人を招くこともおっくうになっていました。

ものを減らしはじめてからの生活で、こんなことがありました。その日は10時から来客の予定があったのですが、朝から家族で虫捕りに行くことになっていたんです。

夫がいれるコーヒーも楽しみのひとつ

お気に入りの豆をひいて、ていねいにいれてくれたコーヒーをおともに、ブレイクタイム。以前は、休日でもこんな時間がありませんでした。

以前ならば、私だけ家に残り、ひたすら片づけと格闘。でも、この日は出かける前にさっと片づけて、お掃除ロボットをセット。私も一緒に虫捕りに行き、一緒に楽しむことができました。

まず、ものが少なくなれば散らかるものも少なくなります。だから格闘しなくても、ちゃちゃっと片づくようになったのです。

そしてこの日私は、「求めていたのはこれだ！」と思ったんです。すぐ片づく家ならひとりで残る必要もない。家族と一緒に出かけられるし、一緒に楽しい時間を過ごせるんですよね。これまでの私は、「家族と過ごせたはずの時間」を、片づけに捧げてきたんだな…。本当にもったいない！

家族と出かけることを第一にしたいなら、割り切って「散らかったままお客様を招く」というのも一つの方法です。でも、それは気持ち的に受け入れられない。私にとっては、「きれいにしてお客様を迎える」ことも、ゆずれないこだわりだったんです。

子どもと遊ぶ時間も増えました

家族で人生ゲームもよくやります。部屋が片づいているからこそ、こういうゲームも広げやすくなりました。

ものを手放してわかったこと6

片づけたり管理する時間を ほかの時間に使いたい

私がやりたいことは「片づけ」ではないのです。むしろ、片づけはしたくない(笑)。ホテルのように誰かが片づけて、掃除してくれたら、いいのになあ。でもそうはいかないですよね…。

散らかった部屋では心地よくないし、使い勝手も悪い。お客様も汚部屋で迎えたら楽しくないし落ち着きません。だから、片づけます。でも、その片づけに時間を取られて、家族との時間や楽しい時間を犠牲にしたくないので、すぐ片づくようにものを減らしています。片づけも、ものを減らすことも「目的」をかなえるためのプロセスなんですよね。自分の生活が整ってくると、だんだんそのことがわかってきました。

いまは、こういった目的が見えるようになったけれど、片づけをはじめた当初は「変わりたい」という漠然としたことしか頭にありませんでした。だからいつしか「手放すこと」が目的になってしまったんです。前のページでもお伝えしたように、私が得たかったのは、「家族との時間」です。そして、家族が心地いい空間、お客様を気持ちよく迎えられる空間。それを失わないための片づけだから、別にピシッと整えたり、とことん減らすことが正解じゃないんです。だって、ピシッにこだわったら、それがストレスにもなってしまいます。ものを捨てすぎて不便になったら、「快適」のための片づけなのに本末転倒です。だから、自分のちょうどいい「快適」を見つけながら進めることが、大事だと思っています。

ものを手放してわかったこと 7

私はものが少ないほうが「自分らしく」「ラクに」生きられる

私にはものをたくさん管理するほどのキャパがなかった。これも、片づけをしてわかったことの一つです。

私はもともと、「ものを管理する」ことが得意ではないのだと思います。たくさんものがあると、うまく収納できず散乱させたり、山積みにしたり。そうなってくるとイライラするし、いざ片づけようものなら疲労困憊…。ものに自分の身も心も振り回されてしまうタイプなんですよね。

でも、ものを管理する能力が高かったり、

増えたものに振り回されない人ならば、多くてもいいのかもしれません。

　私にとって、「増えすぎたものは苦しみの種」だった。それは減らして「快適」を知ったときに、はじめてわかったことでした。それにその人にとっての「適量」というものがあるのだと思います。それはライフスタイル、家族構成、性格、趣味嗜好などによっても違うだろうし、私とは反対にものに囲まれているほうが心地いい人もいるはず。

　私はものが少ないほうが「ラク」だし、気持ちも穏やかにいられます。とはいえ、やはり必要なものはあるし、生活を便利にしてくれるもの、心を豊かにしてくれるものもあります。でもそれが管理できないほど増えてしまうと、時間が奪われ苦しみを生んでしまうんです。それから、以前の私は「クローゼットを開けたくない」と思っていました。好きなものならば、そんな気持ちにはなりません。結局、「好きではない」ものを抱えて、それに苦しんでいたのです。

ものを手放してわかったこと8

家って心地いい。そう思える時間ができた

最初は私の独りよがりで進んでいた片づけですが、家族と協力することで、家族みんなの気持ちも部屋の景色も変わっていきました。子どもたちから、「部屋がすっきりしていると気持ちいい」という言葉が聞けたときは、とてもうれしかったです。

私自身、実家で暮らしていたときから、部屋にはものがあふれていました。結婚後は、子どものものも加わって、その状態はヒートアップ。なにせ「手放す」ことができなかったので、月日が経てば経つほどにものは増え、それに比例するように散らかってもいきました。だから、「家が心地いい」という感覚を覚えたことはなかったんです。

それから、片づける以前の週末は、家族でショッピングモールに行って外食が定番。

chapter 1

ものを手放してわかったこと 8

家って心地いい。そう思える時間ができた

家で過ごすことはほとんどありませんでした。当時はそう思って外出したわけではありませんが、やはり散らかっている部屋に、息苦しさを感じていたのだと思います。だから自然と、外へ足が向いていたのではないでしょうか。片づけをはじめて少し経つとコロナ禍になってしまったので、否が応でも家で過ごさなくてはいけない時期でした。そのときの家が「心地いい」場所になっていたことは、救いだったと思います。同時に、この間に片づいた家で過ごす時間が多くあったからこそ「すっきりした空間の心地よさ」を十分に実感でき、これを維持したいという思いも強くなったのだと思います。「家って心地いいんだな」。それも、片づけをしてはじめてわかったことでした。

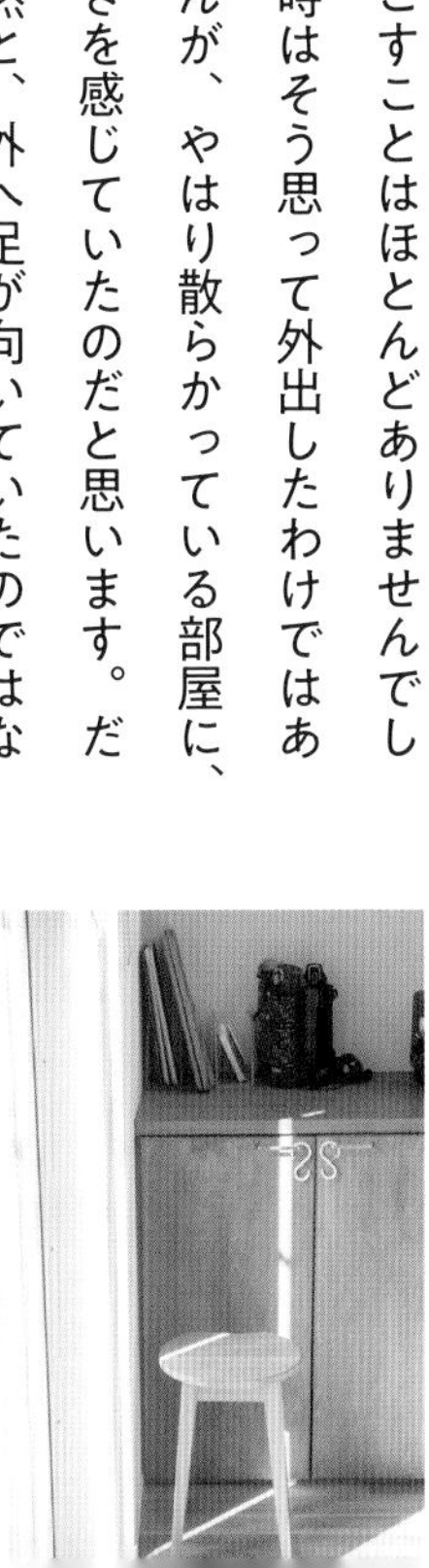

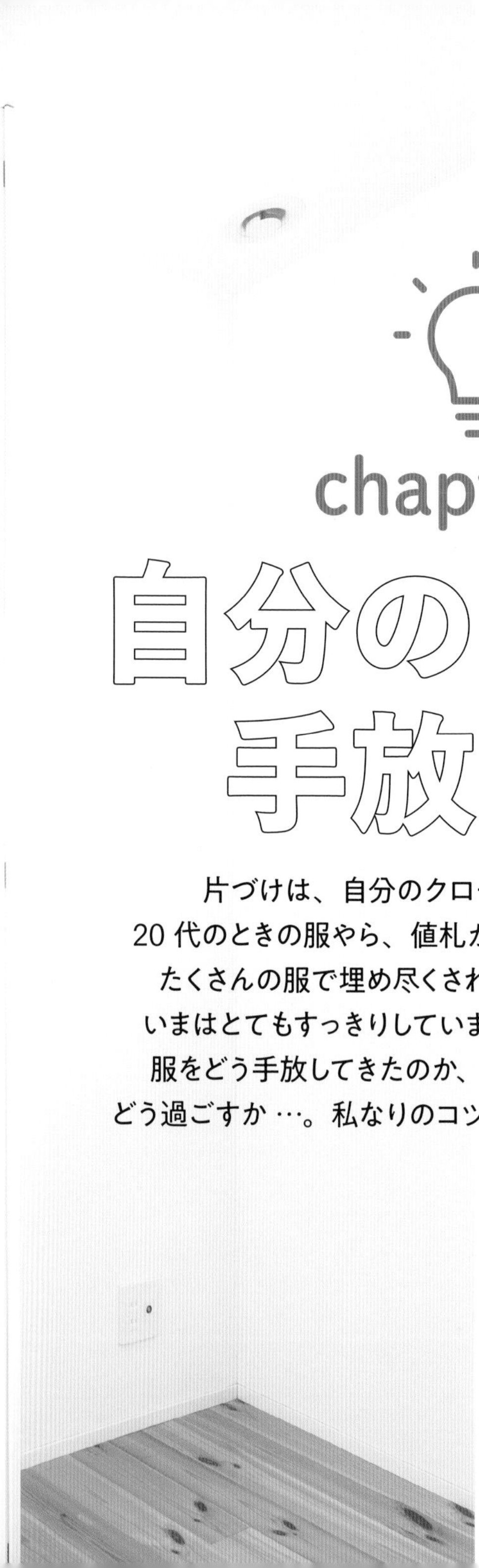

chapter 2
自分のものの手放し方

片づけは、自分のクローゼットからスタート。
20代のときの服やら、値札がついた服やら…。とにかく
たくさんの服で埋め尽くされたクローゼットでしたが、
いまはとてもすっきりしています。あのあふれんばかりの
服をどう手放してきたのか、どう残したか、少ない服で
どう過ごすか…。私なりのコツとともにお伝えしていきます。

Before

この頃は、扉を開けることもうんざりだった

数はあっても、着ていない服ばかり！

膨大な量の服が詰まっていた、４年前のクローゼット。左ページの写真と、同じクローゼットとは信じがたいですよね。この頃は、服はもちろん、バッグも小物も、無造作に突っ込んだ状態。1つ服を取り出せば、他の服もバラバラと散らばって、もううんざりでした…。どこに何があるか、どんな服があったかも把握できていなかったので、いつも「着る服がない」と言っていました。

残ったのは、「着たい服」だけ。

すべてがスタメン

自分のものの手放し方 1

あふれんばかりの服を目の前に「着る服がない」が口グセに

本格的な片づけの手はじめは、自分の「クローゼット」でした。子どものものや夫のものは、所有者本人でないと必要なものなのかがわかりません。その点、自分のものだったら、当然自分で判断できるのでスムーズですよね。それから、「使っているもの」を残し、そうでないものを「手放す」わけですが、その判断も洋服が一番しやすいと思います。そういった理由で、クローゼットからスタートを切りました。

P30でご紹介したのが4年前の私のクロ

ーゼット。ご覧の通り、夏物も冬物も一緒くた。どこに何があるのやら、まったくわかりません…。結婚時に持ってくることをあきらめて、実家に置いてきた服もたくさんありますが、基本は手放すことをしていないので、20代前半、つまり20年近く前に購入した服もたくさん詰まっていました。写真はいまの家のクローゼットですが、ここに住む前は賃貸アパートを何軒か転々と。その頃のクローゼットも当然、同じような状態でしたが、さらに部屋の中には服をかけるラックもあったし、収納ケースもたくさん積み上がっていました。その中も、もちろんパンパンです。

　そして、こんなにも服があふれ返っているのに、私が口にするのはいつも、「着る服がない」。おまけに、クローゼットを開けるのもイヤ。自分でお金を出して買った服なのに、見るのもうんざり。だから、また新しい服を買って増えていく…。それが、服があふれ返っていくカラクリでした。

ネットですぐにポチッ。
衝動買いも、しょっちゅう

当時は、たくさんの服があるのに、まったく満足できず、次々に購入。オンラインショップでも、気軽にポチッ。そのたびに、クローゼットには「着ない服」が増えていきました。

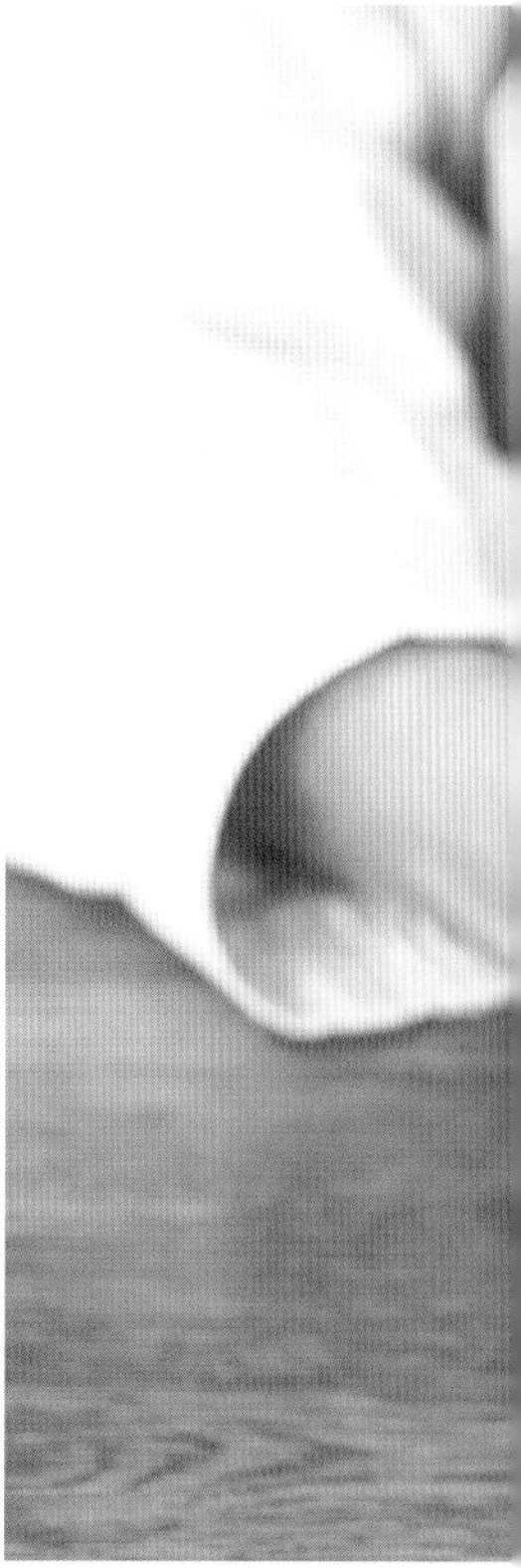

優先したいのは値段や流行よりも「着たい」という気持ち

多いときでは、月8万円くらい。「服を買わない月はない」というくらい、毎月服を買っていたあの頃。いつも「着る服がない」と思っていた私は、常に「買わなきゃ」という衝動や焦りがあったのだと思います。

いまの手持ちにはファストファッションの服も多いのですが、特に価格に縛られているわけではありません。でも、当時は「安い服は恥ずかしい」という思いがあったのだと思います。だから、買いものに行くのは百貨店やセレクトショップ。ファスト

ファッションのように「お手頃」なお店には自分の服を買いに行きませんでした。

その頃、夫には「似合っていない気がするよ」「本当に、着たい服？」そんな問いかけをされたこともよくありました。夫いわく「好きな服を買っていない」ように見えたそうです。振り返ってみれば、当時の私は「自分に似合うかどうか」とか「自分らしいか」ということはどうでもよかったように思います。服のデザインやテイストは「流行だから」で選んでいたし、それよりも、着る服がないから「買わなくちゃ」という衝動がとにかく強かったんじゃないかな。だから、とにかく買う、とりあえず買う。そんな日々だったと思います。

服を減らすときも、「自分が本当に着たいかどうか」を第一に考えたんです。それが、高いか安いか、流行かは基準にしていません。その後、追加をするときも本当に着たい服ならば、安くても少し高価でもいいと思っています。

いまはワンピースがお気に入り

片づけをしてからよく着るようになったのが、ゆったりしたシルエットのワンピース。値段やブランドに関係なく、自分の好きな形や色、素材を選んでいます。

自分のものの手放し方 3

減らすことで見えてきたのは自分が本当に好きな服

服を手放していくときも、値段とか流行とかブランドとか、あるいは新しいとかではなく、「自分が着たい服」を残していきました。すると、「ああ、私ってこういう服が好きなんだ」と、自分の好みがわかったんです。以前は、自分の気持ちで選んでいなかったので、好みさえよくわかっていませんでした。そして、とにかくたくさんの服があったから、いくつかある「自分の好きな服」も、すっかり埋もれてしまっていたんですよね。

まず私が好きな服の一つは、シャツワンピースです。特にノーカラータイプが好みで、着用してしっくりくるなと思っています。それに、シャツワンピって1枚でさらっと着られるし、はおりにもなるし、とても便利ですよね。注目してみることで、改めてそのよさに気づきました。

それから「好き」という基準で選ぶと、写真の赤いワンピースもお気に入り！　じつはこれは私の手づくり。好きなハンドメイド作家さんの本に掲載されていたワンピースを、付録の型紙を使ってつくりました。つくりかけたまま数年眠っていたのですが、片づけをはじめた後に完成させることができたんです。形も色も質感もとても気に入っているので、見るたびに「これ着て出かけたいな」「どこに着て行こうかな」そんなウキウキした気持ちになります。そう、大事なのはこういう気持ちですよね。「買うこと」が目的になっていた4年前までの私には、なかった感情だったんです。

➡服を減らしてからは、「クローゼットアプリ」を活用していました。服を撮影して登録しておけば、スマホでチェックが可能。どんな服を持っているか、把握しやすくなります。

自分のものの手放し方4

パーソナルカラーと骨格診断で わかった、自分に似合う色・形

最初は120着近くあった服ですが一気に減らしたわけではなく、段階を経て減らしていきました。その過程で、「何かしっくりこないかも？」「年齢的に似合う色、似合わない色もあるのかな」など、迷ったり疑問に思ったりすることがありました。そこで、オンラインでパーソナルカラー診断と骨格診断を受けることにしたんです。肌の色や顔のタイプ、骨格などから自分に似合う色や服の形などを分析してもらうのですが、私にはベージュなどの淡い色、体のラインを拾いすぎないシルエット。袖のあたりも少しゆとりがある服がいいということがわかりました。次に服を買うときの参考にしようと思い、依頼をしたのですが、服を減らす過程でもとても役立ちました。

以前は、ボーダー柄の服がたくさんあったんです。でも、私の顔のタイプや骨格からすると、濃い色のボーダーはあまり似合わない。どうしようかなと迷っていましたが、「自分には似合わない」ことがわかったので、潔く手放すことができました。逆に、自分が好きだったリネンは、骨格診断ではおすすめの素材でした。好きだし、似合うとなれば、より愛着も沸いてきます。

その後、オンラインでメイクレッスンも受けて、自分に似合うコスメの色やメイクの仕方などを教えてもらいました。昔は、「形のあるもの」にばかりお金をかけていましたが、それよりも知識を得ることにお金を使いたいと思うようになったのも、片づけによって起こった自分の変化です。

自分のものの手放し方 5

“好き”とプロの助言で選んだ20着。いまの私にはこれがちょうどいい

1枚でもはおりにも使える シャツワンピースを1年中愛用

黒のワンピースは、もともと持っていたものです。服を減らして着る機会が増えると、ワンピースは1枚でもはおりでも着られる、使い勝手のいいアイテムだと気づきました。その後、「淡い色が似合う」というパーソナルカラー診断の助言を参考に、ベージュと黄色のワンピースをプラス。赤のワンピースは私の手づくりです。

片づけをはじめたときにまずやったことは、服の枚数を数えたこと。すると116着ありました。そこから徐々に減らしていき、1か月後には72着に、2か月後には62着に、3か月後には59着に。そして1年後には39着になり、片づけをはじめて約4年たったいま、手元にある服は20着です。

特別「20着」にこだわっているわけではないのですが、いまの自分に必要な服だけを残してきた結果、この枚数になりました。足りないとか、無理をしているという感覚はなくて、いまはこの枚数で「十分間に合っている」というのが正直な感想です。

どんな服を手放したか、細かい基準は後のページでもご紹介しますが、最終的に残っているのは、「好き」で「着たい」と思っているもの。高くても流行でも「着たい」と思わない服にいまの自分は手が伸びません。それから、パーソナルカラーや骨格診断で、「似合う」に選定されたことも決め手になります。でも、その診断でよい結果だったとしても、「着たい」という気持ちが沸かなければ該当せず。逆に、診断ではイマイチでも、「好き」ならば残しています。例えば、残したなかには黒のワンピースがありますが、じつは黒は私に似合う色ではないのです。でも、「好き」の気持ちのほうが大きいので残しています。以前の思考の私なら、診断でダメだからダメ!と拒否したかもしれませんが、頑固にならず、自分の気持ちも大事にしながら柔軟に選んでいきたい。いまの私はそう思っています。

合わせやすい色をセレクト カットソーはインナーとしても活躍

トップスに残したのは、この４枚。コットンのシャツは、中にインナーを着れば冬も活用できます。カットソーは、１枚でも着られるし、肌寒い時季ならばシャツのインナーとしても活躍。写真下段の２着は、形は同じで色違い。「同じようなデザイン」の服は、一方を手放してきましたが、これはそれぞれ出番もあるので、いまは両方残しています。でも、次に何かを買い足したときは、どちらかを手放すかもしれません。

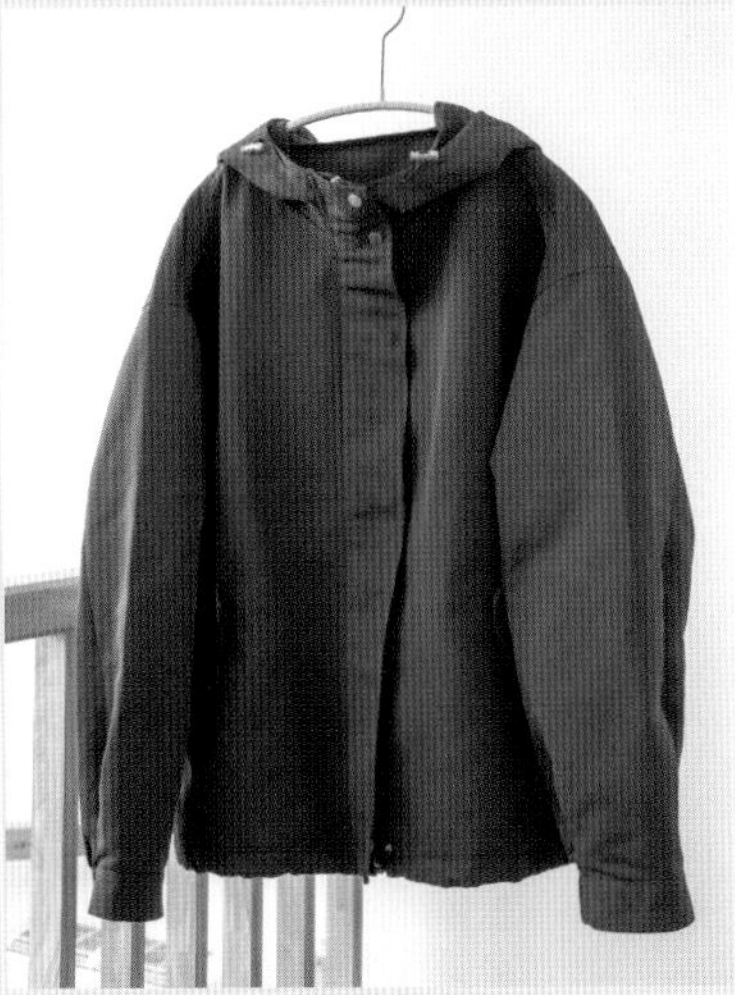

厚手のアウターは持たず インナーダウンで調整

少し肌寒くなってきたら、アウターの出番。私は、ジャケット、薄手のウールコート、薄手のダウンを組み合わせることで、秋冬をつなぎます。それぞれ単品でも着ますが、寒さが厳しい時季はウールのコートの下に薄手のダウンコートを重ね着。茶色のジャケットのインには、夫の着丈の短い薄手のダウンを借りて合わせることもあります。私の場合、ふだんは車移動がほとんどなので、真冬でも厚手のコートなしで十分過ごせます。

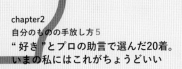

セットアップがあれば、学校行事などフォーマルシーンも乗り切れる

セットアップは、上下合わせて着ることもできるし、それぞれを他のアイテムに合わせて着用もできる万能アイテム。以前は、学校行事などで着るフォーマルな服もそろえていたのですが、「フォーマル用」と限定すると、出番はほんの数回になってしまいます。だからいまは、フォーマルにもふだんにも使える、きちんと感のある素材のセットアップも持つことにしました。

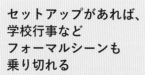

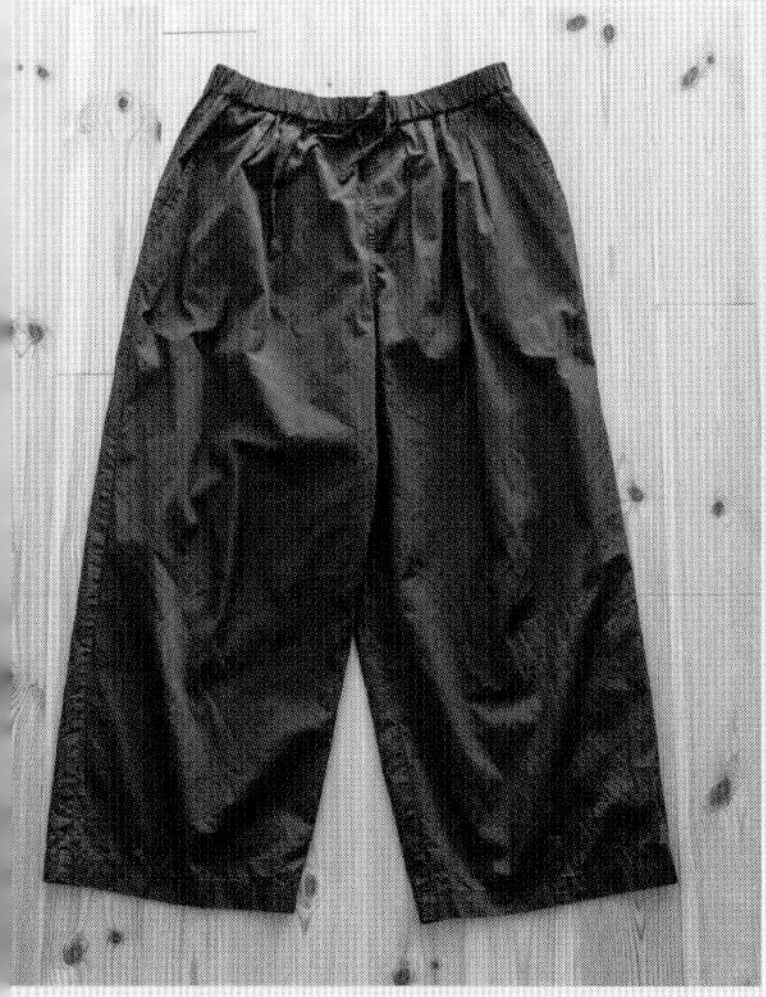

やっぱり頼れるのは、無難なブラック

P44のセットアップのボトムも着回しますが、それに加えて、黒のパンツとスカート各１着も愛用しています。黒は無難な色ですが、着回ししやすさを考えるとやっぱり頼れるカラーです。

すべての服がフル稼働。「○○専用」という服は持たない

以前は、これはきちんとした席用、こっちはカジュアルな場で、というように服ごとに「着るシーン」を限定していました。でも、服は着こなし次第でいろいろなシーンで使えることがわかりました。例えば、セットアップで着用すればきちんと感が出る。それと同じボトムでもTシャツを合わせればカジュアルに。合わせる服を変えれば、服の可能性はどんどん広がります。

自分のものの手放し方6

服を減らして芽生えたのはアクセや小物で楽しむ気持ち

夫によると、独身時代の私は、デートのたびに違う服を着ていたそうです。「今回のデートのために買う」というように、「使い切り」的に服を買っていたのだと思います。だから着回すとか、着こなしを変えてみるとか、小物でアレンジするという発想はまるでありませんでした。

少ない服になったいまは、どうやって印象を変えようか考え、同じ服をきれいめに着たり、カジュアルに着たり。シーンによって、着こなしを考えたり工夫したりするようになりました。とはいえ、以前のように「いつも同じ服は恥ずかしいから」という理由でそうしているわけではありません。いまは人目を気にする感覚はないし、無理に印象を変えようとしているわけでもないのです。単にアレンジすること、工夫することが楽しいと思うようになったから。

基本的にシンプルな服が多いので、カラーソックスでアクセントをつけるのも私の定番。気分や季節に合わせて色を変えるのも楽しいですし、明るい色が1点入るとぐ

1

2

3

っと華やかになります。少しきれいめにしたり、女性らしさを出したりしたいときはアクセサリーをプラス。アクセによって雰囲気も変わりますよね。また、ときには、夫にTシャツやインナーダウンを借りて、差し色や防寒にすることも。足りないものは家族で補いながら着こなすのも、少ない服を着回すコツ。以前なら「買い足す」という手段しか持ち合せていなかった私。でもいまは、「あるものをうまく使う」が先です。

小物でスタイリングをアップデート

1アクセサリーは収納スペースをそれほど取らないので、やや多めに残しています。**2**カラーソックスは、ユニクロの「50色ソックスシリーズ」。その名の通り、50色もそろっているので、選ぶのも楽しい！ **3**ときどき借りる、夫のアイテム。P50のジャケットの中にはこのインナーダウンを合わせることが多いです。

自分のものの手放し方 7

少ない服でも十分足りているのは すべてがスタメンだから

120着の服があった頃は「服が足りない」「着る服がない」と思っていたのに、20着のいまは「十分足りている」と思っているんです。本当におかしいですよね（笑）。

かつては、買ったけど着ていない服、一度切りでもう終わり、そんな服が大半…。

服は、着てなんぼです。着なければ、その価値が生かされません。せっかく誰かの手によって生み出されたのに、本来の使い方をされず狭いクローゼットに閉じ込められているだけなんて…自分がつくり手だったら、本当に悲しいですよね。

いまの私はというと、もちろん「服を服として」活用しています。だから、クローゼットに出番のない服はありません。とてもシンプルなことですが、それこそが、「十分足りている」理由なのだと思います。

当然、季節によってはお休みする服はあるのですが、できるだけ季節の垣根を越え、出番が長く続く工夫もしています。例えば、私の定番服シャツワンピースは、暖かい時季は1枚でさらりと着ますが、インナーを着込めば寒い時季でも着られます。厚手のダウンなどは真冬だけに出番が限定されてしまうのでコートは秋の終わり頃から着られるものを選び、寒くなったら薄手のインナーダウンで調整。インナーダウンはそれ1枚だけでも着られるので、肌寒い時季から、春先まで大活躍しています。

以前は、そもそも何があったかもわからなかったけど、いまはぜんぶを把握できている。その点もまったく違いますよね。

自分のものの手放し方 8

2年ぶりに新調した服が教えてくれた本当の「愛着」

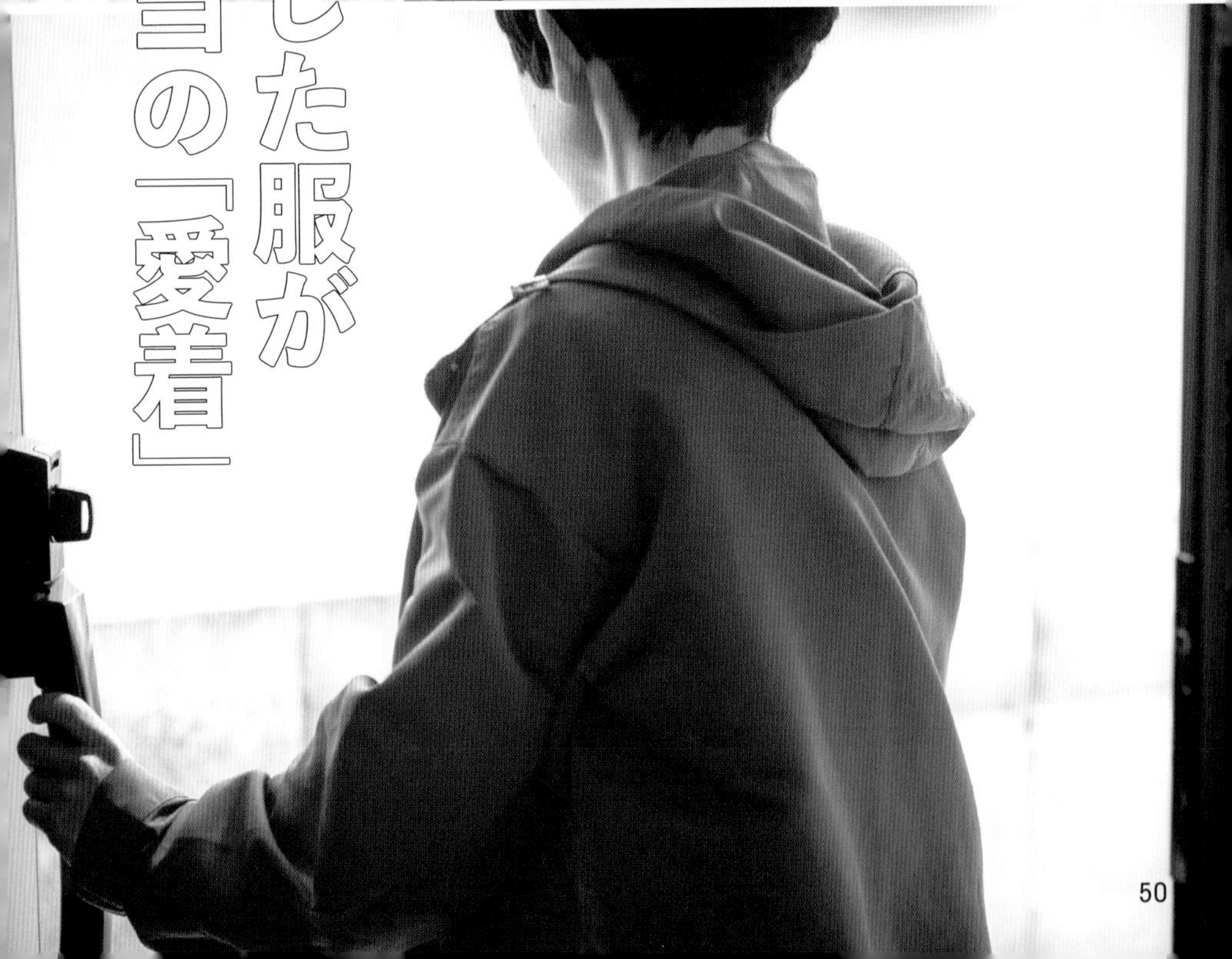

毎月毎月服を買っていた私ですが、「片づけ」と同時にはじめたのが「買わない」ことです。まずは、「1か月、服を買わない」と自分に宣言。それができたら、また1か月。そんなふうにしていくと、2年間買わずに過ごすことができたんです。

最初の1か月を乗り切ったときの率直な感想は、「意外と平気」。そのあとも辛抱したわけではなく、気づけば2年経っていたという感じでした。でも、まったく何も買わない私のことを、夫はさすがに心配したようです。すてきな服を見つけると「これどう?」「買ったら?」と、すすめてくれました。私としては、「間に合っている」という思いもあったのですが、「買わない」に縛られていたわけではないので、チェックしたり試着してみたり。そのたびに、本当に好きか、着心地はどうか、着回しは…など、あらゆることを吟味。そんななか出合った「これなら」というジャケットを夫がプレゼントしてくれたんです。

2年ぶりの「新しい服」は、生地のパリッとした質感とか、フィット感とか…全然違う! 新品を着ると、2年間着続けてきた服はさすがに消耗していたんだなとも思いました。少し慎重すぎる節はあるかもしれませんが(笑)、吟味に吟味を重ね、妥協なく買った服は自然と「たくさん着よう」という思いになります。逆に以前のようにその場しのぎで買った服は、結局、気に入らない点が多かったのだと思います。だから着たい気持ちは長く続きませんでした。

自分のものの手放し方9

本当に好きな服だからこそ「手間をかけても着たい」と思える

ものを大切にする気持ちはもちろんあります。でも、私の場合「大切だからボロボロになっても着る」とか、「ボロボロになるまで着ることこそ、大切にすること」だとは、思っていません。

服はあくまでも「消耗品」。着ればそれなりに、襟ぐりがゆるんだり黄ばんだりもしてきます。許容範囲は人それぞれですが、「自分が気持ちよく着られない」状態ならば、手放しどきなのではないでしょうか。

ただ、服の数が減って、一着一着と向き

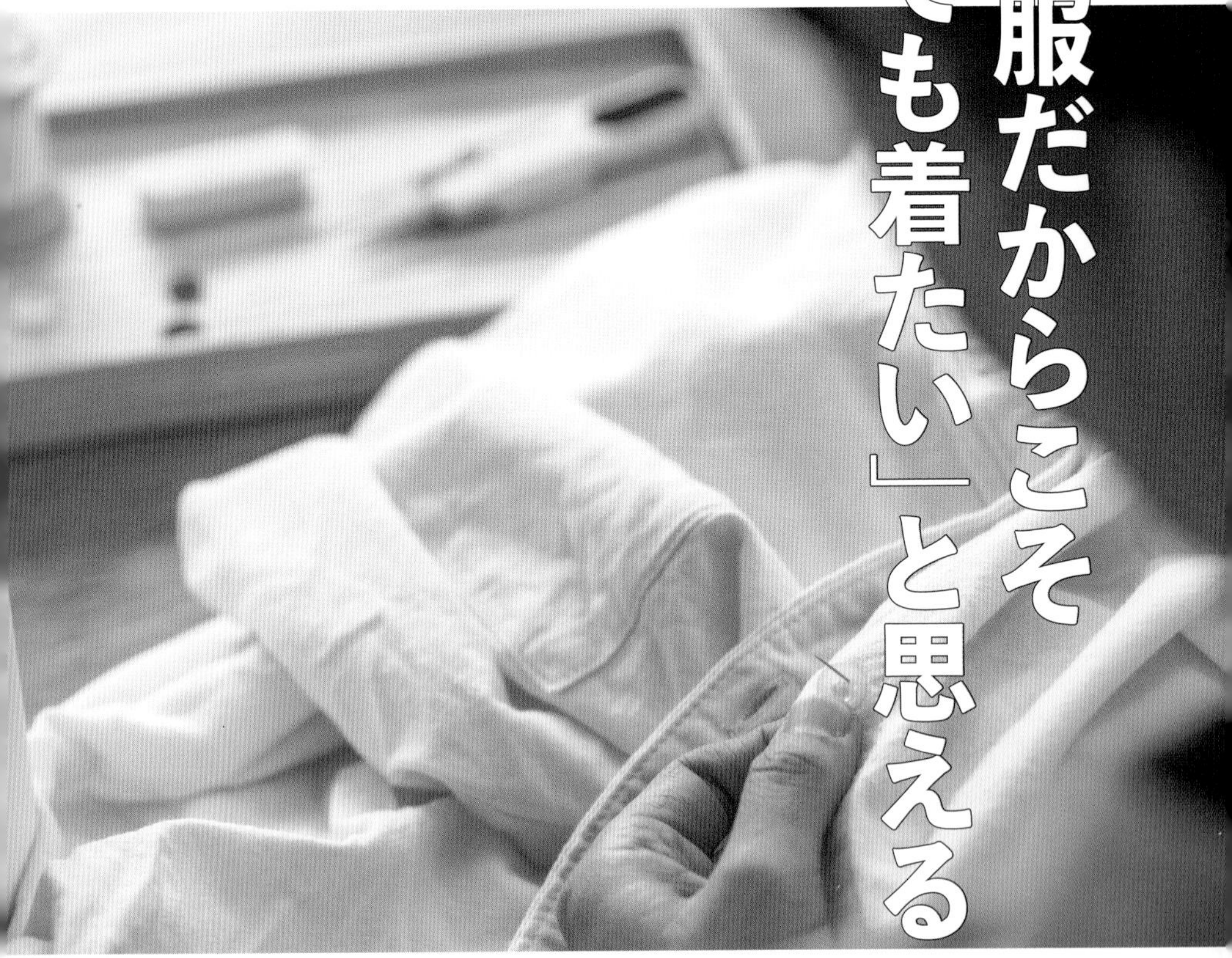

合うようになると、本当に好きな服は「着心地がいい状態」を長くキープしたいとか、「着心地がいい状態に戻したい」という気持ちが沸くことがわかりました。

以前は、少しほつれたり汚れたりすれば、「新しく買えばいいや」の一択。なぜなら、買うほうがラクだし、そのほつれなどを直してまで着るほどの愛着がなかったから。新しく買ったなら、ほつれて着ない服を手放せばいいのですが、それもしないから、とめどなく服が増えていったわけです。

いまある服は、こまめに手入れをするし、ほつれも修復しています。前のページのジャケットは、ファストファッションのものですが、クリーニングにも出しているんです。だからクリーニング代のほうが高いくらい。

どんな服でも限界はあるので、いつかは手放すときがきます。気に入っていた服も、「もう直さなくてもいいかな」「そこまでしなくていいかな」と思ったら、そのときは、手放しどきかなと思います。

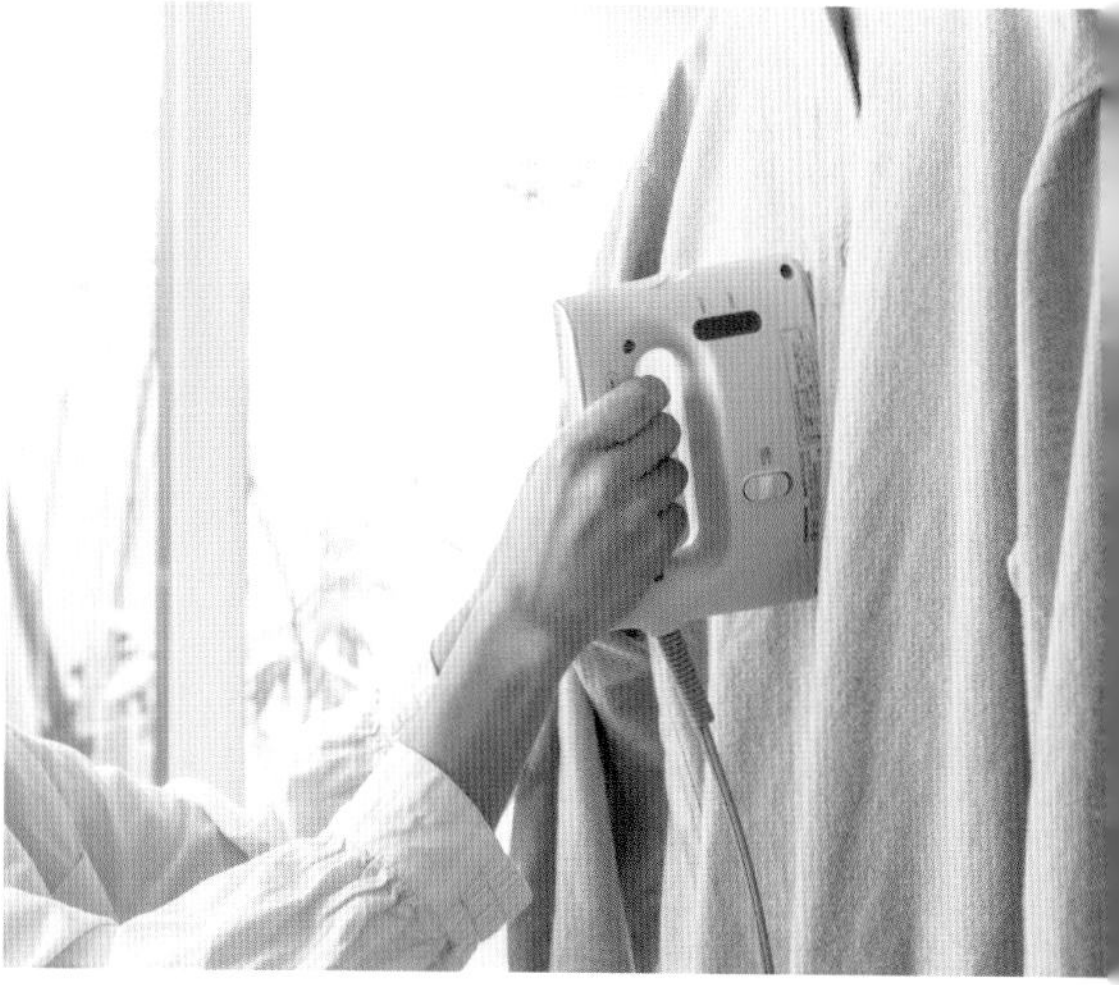

好きな服なら、
自然と手入れすることが習慣に

いくらデザインが好きでも、手入れが大変すぎると、その面倒さから、「好き」の気持ちが半減してしまうかもしれません。いまあるアイテムは、自分が手に負える範囲の手間で、管理ができるのだと思います。

大事にしたのは『いつか着る』ではなく『いま着たい』

いざ服を減らそうとしても、何を手放したらいいかわからないですよね。やみくもにはじめると、あれもこれも必要となって、結局、手放せず…となりがち。だから自分なりの「手放す」基準を決めておくことも大事だと思います。私もいくつか基準を決めました。ただ、すべての前提にあるのは、「いま、着たいかどうか」だと思います。

というのも、クローゼットに山積みになっていた服は、いまは着ていないけど「いつか着るかも」というものが大半。「将来、着るかも」「やせたら着るかも」と取ってある服は、たいてい着ることなく月日が流れていくだけなのですよね。それに、将来の自分への押しつけにもなるのではないでしょうか。将来の自分が、その服を着たいとは限りません。でも、捨てずに残っているとその服に捉われて、本当に着たい服に目を向けられなくなるかもしれません。将来のことは、将来の自分に決めてほしい。だからいまは「いまの自分」に必要な服だけを残す。そのことを大事にしました。

私は
こんな服を
手放しました
01

1年以上
出番がなかった服

好きでも、着る機会がなければ
いまの自分には不要な服

出番がない服は、「いまの自分」に不要ということ。でも、季節との兼ね合いもあるので、私は1年の期限を設けました。どの季節も通過すれば「出番の有無」がわかりやすいですよね。なかには、「好きだけど出番がない」という服も。それらは自分の生活スタイルに合っていなかったり、「着る機会」以上に所有していて、自分の必要数をはみ出したもの…。いずれにしても、着ていないのだから優先順位も低いですよね。また、「いつか着るかも」と取ってあるけど何年も出番のないパーティ服。明確な予定があれば必要かもしれませんが、予定がないものは手放しました。

私は
こんな服を
手放しました
02

ほつれ、汚れ、着用感がある

いまの私が大事にするのは ブランドや価格より清潔感

汚れがあったり、穴があいていたり。襟ぐりや袖口がゆるんでいたり…。こういったダメージが目立つ服も、手放しました。なかには、「まだ着られる」というものもありますが、P52でも触れたように「着ていて着心地がよくない」と気分も落ち着かないので、手放し対象と割り切りました。加えて、大事にしたいのは「清潔感」。いまの私は、服のブランドや価格より、「身だしなみ」に目を向けるようになりました。だってお会いした相手がどんなにいいブランドの服を着ていても、シワがあったり穴があいていたら、そっちのほうが気になってしまいますよね。

私は
こんな服を
手放しました
03

着心地がよくない服

きつい、ブカブカ、チクチク…は イライラの要因に

ほつれなどのダメージもそうですが、きつかったり、ブカブカだったり、胸元があきすぎていたり、肌がチクチクしたり…。ヒールが高すぎて歩きにくい靴もそう。いくら好きなデザインでも無理して着たりはいたりしていると、イライラしてしまいます。それから、トイレのときにスムーズではないサロペットなども、私にはストレスだったので手放し対象に。どこまでが許容できるかは人それぞれ。それに多少ストレスがあっても、着たいと思える服もあるかもしれません。手放すことと、着心地やストレスを我慢すること。「どっちが上か」を考えていくと、どうするべきかが見えてくると思います。

私は
こんな服を
手放しました
04

似たような デザインの服

大量にあったボーダー柄の服も 厳選してまずは最小限に

気づくと同じような服ばかり買っていた…。そんな経験に覚えがある人も多いのではないでしょうか。たくさん持っていても、結局着る服は限られていきますよね。かつての私は、ボーダー柄の服がたくさん。最終的にはパーソナルカラー・骨格診断でボーダーが似合わないことがわかり、すべてを手放しましたが（P38参照）、その前段階で、半袖、長袖、厚手のものの３枚だけにしました。同じような服でも自分のなかで明確な違いがあったり、活用ができていればいいのだと思います。それができず、ただタンスの肥やしになっている服は、必要ありませんよね。

私は
こんな服を
手放しました
05

手入れに
手間がかかるニット

いまは、毛玉を取る手間よりも
「時間」の価値のほうが上

これは、片づけをはじめて２年ほどしてから決めたことですが、「ニット」を手放すことに。もともとニットは好きだし、当時持っていたニットは、着心地もよくお気に入りでした。でも、いくらていねいに着ても毛玉ができて、頻繁な毛玉取りが必要なんです。「いまの私」は、その時間を他のことに使いたかった。つまり、いまの私にニットの管理はキャパオーバー。もう少し子育てが落ち着いて時間ができたら、また楽しもうと思い、いまは手放すことにしました。そして、将来着たくなったら「そのときの私」に似合うものが欲しいので、「いつか」のためには取っておきません。

ラクに手放すことができたのは「捨てる」以外の方法を知ったから

片づけをはじめた当初は、「捨てる」ばかり。でも、「捨てる」となると、ものへの「もったいない精神」から罪悪感を覚えたり、踏ん切りがつかないことも多くありました。でも、「手放す」＝「捨てる」だけじゃないんですよね。いまは、メルカリをはじめとしたフリマアプリも手軽にできるし、買い取りのショップもたくさんあります。こういったサービスを利用すれば、捨てなくても手放せるし、おまけに利益にもなる。私自身もフリマアプリをはじめて「必要な人にゆずるんだ」という考え方を覚えてからは、ぐっと気持ちがラクになりました。

ただ、フリマアプリでも「手放すのは大変」と感じる一面もあります。「捨てる」は一瞬ですが、フリマアプリは出品用の写真を撮ったり、コメントを入力したり。さらに買い手がつくまで、ものを管理しなくてはなりません。でも、この手間がかかるからこそ、改めて「服は慎重に選ぼう」「むだに服を増やすことはやめよう」という気持ちになったので、私としては一歩前進です。

私は
こんな方法で
手放しました
01

フリマアプリに出品する

購入者からのメッセージもはげみに

私がよく利用するフリマアプリは、「メルカリ」です。出品するときは、商品の写真や詳細を入力、買い手がつくまでの保管や、発送時の梱包も必要です。少々手間と時間はかかりますが思いのほか高値で売れることもあり、売れるかなというワクワク感も楽しみの1つになっています。それから、購入していただいた方に「ずっと探していた服でした」「大切に着ます」などのメッセージをいただくことも。自分の手元では眠っているだけの服が必要な人の手元にいけば、本来の価値を発揮してくれる。コメントでそれが直接わかるのも、こういったサービスのいい点だと思います。

私は
こんな方法で
手放しました
02

リサイクルショップで買い取ってもらう

手間が少なくて
すぐに手放せるのが魅力

リサイクルショップは、持ち込みのひと手間がありますが、逆にいえば手間はそれだけ。買い取り価格はフリマアプリに比べて低いことは否めないのですが、手間が格段に少なく、すぐ手放せる点が魅力です。「フリマアプリに出品する時間がない」「すぐに手放したい」というときは基本、リサイクルショップを活用しています。また、いまは直接ショップに行かなくても、箱などに詰めた服を宅配業者が回収し、ショップに届けてくれるサービスを実践しているところも多いようです。忙しいときでも、ラクに手放せる便利な方法です。

私は
こんな方法で
手放しました
03

リサイクル回収ボックスを活用する

社会貢献にもなるから
捨てるより、気持ちも晴々

「ユニクロ」や「ＧＵ」などに行くと店頭に自社ブランドの商品を回収する「リサイクルボックス」があります。ここに入れたものは、新たな素材や燃料として再利用されたり、世界中の服が手に入りにくい人たちに届けられます。着用感やダメージがある服はフリマアプリやリサイクルショップでは値がつかないので、私はこのボックスを活用。社会貢献にもなるので、「捨てる」より気持ちが清々しいです。私が服の回収に利用しているのは主に「ユニクロ」と「ＧＵ」ですが、最近はこういった活動をはじめるブランドも増えているそう。また、私も利用していますが、古着回収を行う自治体も多いです。

「手放す」ことが目的じゃない。迷ったときは後回しでいい

服を手放しはじめて約4年。だんだんと手放すかどうかで「迷う」ことは少なくなりました。それは、「いまの自分」に必要な服や「自分の好き」がわかってきて、必要、不要の判断がラクにできるようになったからだと思います。でも、かつては迷うこともしょっちゅう。P55~の基準をもとに判断しても、「必要かも」という思いに直面し、迷った結果、手放せないこともありました。ただ、これまでの自分の体験を通して一つ気づいたのは、手放して困るものは迷う余

「手放したくない理由」にも耳を傾けて

このバッグも、一度手放そうかと思ったのですが、もう少し様子をみることにしました。いい点を見つけて、出番を増やすことができたらいいなと思います。

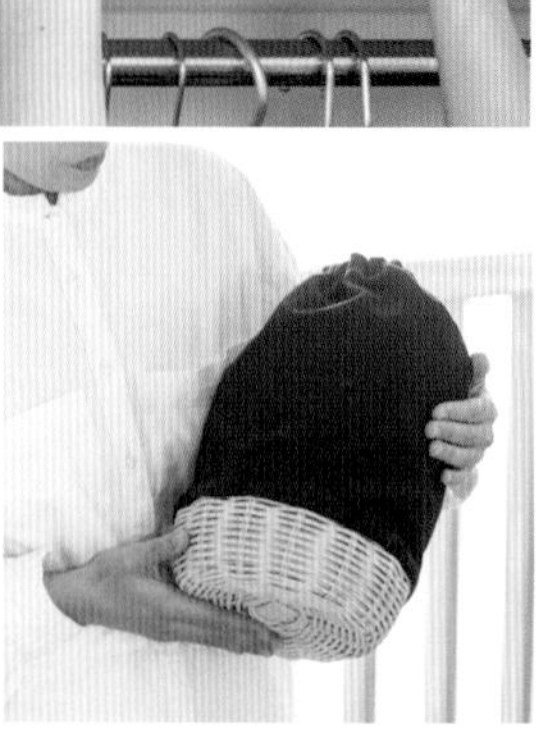

地がないということ。例えば、いつも使っているスマートフォンを「手放そうかな」とは思わないですよね。手放して困るものは「必要」と断言ができ、「迷うもの」は、あってもなくても困らないものなのではないかなと思うのです。

とはいえ、迷うときは無理して手放す必要はないと思っています。手放したことで不安にさいなまれてしまったら、自分の快適や心地よさのために手放しているのに、それどころではなくなってしまいますよね。

私も迷うときはあります。そのときは、自分なりの一定期間(私は3か月程度)を決め、目の届かないところに隠します。それで、思い出すこともなく出番がなければ、いまの自分には不要な服なのだと思えます。

あとは、1日着て出かけてみたり、鏡を見て「これで、女友だちと食事に行けるかどうか」と想像してみたり。改めて袖を通してみると、「あれ、違うかも」と思えて、サクッと手放せることもあるものです。

一定期間を経て手放すことを決意

迷いがあったので、少しの期間保管していた服とバッグ。その間、出番はありませんでした。きっと今後も不要なことがわかったので、手放すことに決めました。

自分のものの手放し方

時間ができたら バッグも心も軽くなった

クローゼットが山積みだった頃の私は、バッグの中身も、てんこ盛り！　ちょっとのお出かけにも大きなリュックを持ち、あれもこれもと詰め込んでいました。

でも、クローゼットを片づけて、そのほとんどが使わない服であったことがわかってくると、バッグの中の「不要なもの」の存在にも気づいていきました。

当時はどこに行くにも、折り畳み傘を年中無休で携帯。化粧品はファンデーションからリップグロスまでフルセット。まるで旅行者のように大きなポーチにパンパンに詰め込んでいました。さらに、自分は不要であっても、自分以外の誰かが「必要になるかも」という思いからのど飴とか生理用品なども常に入れていました。もう、何を入れていたかも思い出せないくらい（笑）。とにかく、不安な気持ちをものでかき消すかのように詰め込んでいたわけですが、重いし、いざ必要なものを取り出そうとしても、ものが多くてすぐ取り出せないし、バッグの中はぐちゃぐちゃになるし。それだけでイライラしていたものです。

いま思えば、あの頃は天気予報を確認する時間さえもなかったのだと思います。そして、取捨選択する余裕がないものだから、とりあえず「何もかも」詰めていたんですよね。いまは、天気予報を見てから傘の有無を判断しますし、「今日の自分」がどこに行く、何をするかで、「いるもの」だけを詰めています。大きなリュックも手放して、小さなショルダーバッグが相棒です。

chapter 3

家族のものの手放し方

かつてはリビングも子ども部屋も、ものだらけ。
おもちゃも、子どもたちの服も収納しきれませんでした。
そんなわが家でしたが、いまでは、家族一人ひとりが
片づけ上手に。そして、意識しないとどんどん増える
おもちゃ、服、作品、写真なども、一工夫しながら
定期的に手放し、溜め込まないようにしています。

Before

かつては、おもちゃをたくさん
買う母親だった

床が見えないほどの散らかりが日常

当時は、ネットでよさそうなものを見つければ、すぐにポチッていました。子どものためと思っていたけれど、自己満足だったのだと思います。そんな私が買い続けたおもちゃによって、子ども部屋はこのありさま…。この日が特別散らかっていたわけではなく、この状態が日常でした。この部屋以外にも、収まり切らないおもちゃがたくさんありました。

常に、「買うこと」が目的になっていたかつての私。独身のときは、とにかく自分の服を買っていましたが、子どもができてからは、そこに子どものものがどんどんと追加されていきました。特に、子どもたちから強くねだられたわけでもないし、何かのごほうびだったわけでもないのです。私自身が自分の服を買うのと同じように日常的に、衝動的に買っていたのだと思います。

だから、かつてのわが家は写真のように、おもちゃが散乱していることが当たり前。私自身おもちゃを買うことでストレスを発散しているつもりでしたが、結果的には服と同じく、管理ができない量に時間を奪われ、気持ちを乱され…。イライラや苦しみを招く要因になっていたのです。

片づけをはじめてからは、おもちゃも買うのは必要な分だけ。当然ですが、最初のうちは、子どもたちも違和感を覚えたようです。以前は求めなくとも次々におもちゃを買っていた母親が、突如、買ってくれなくなったのだから驚きますよね（笑）。

しかし、おもちゃだけでなく私自身が「私のもの」も買っていないことや、不要なものを手放していることを理解すると、子どもたちも自然とおもちゃを減らす意義に気づいていったようです。とはいえ、私としては、「買わない」を貫いているわけではありません。以前は使い切れず、管理し切れずの、いわばキャパオーバーのおもちゃがたくさん。でも、いまはキャパからあふれないおもちゃは、必要だと思っています。

家族のものの手放し方 1

自分が変わったことで家族も自然と変化

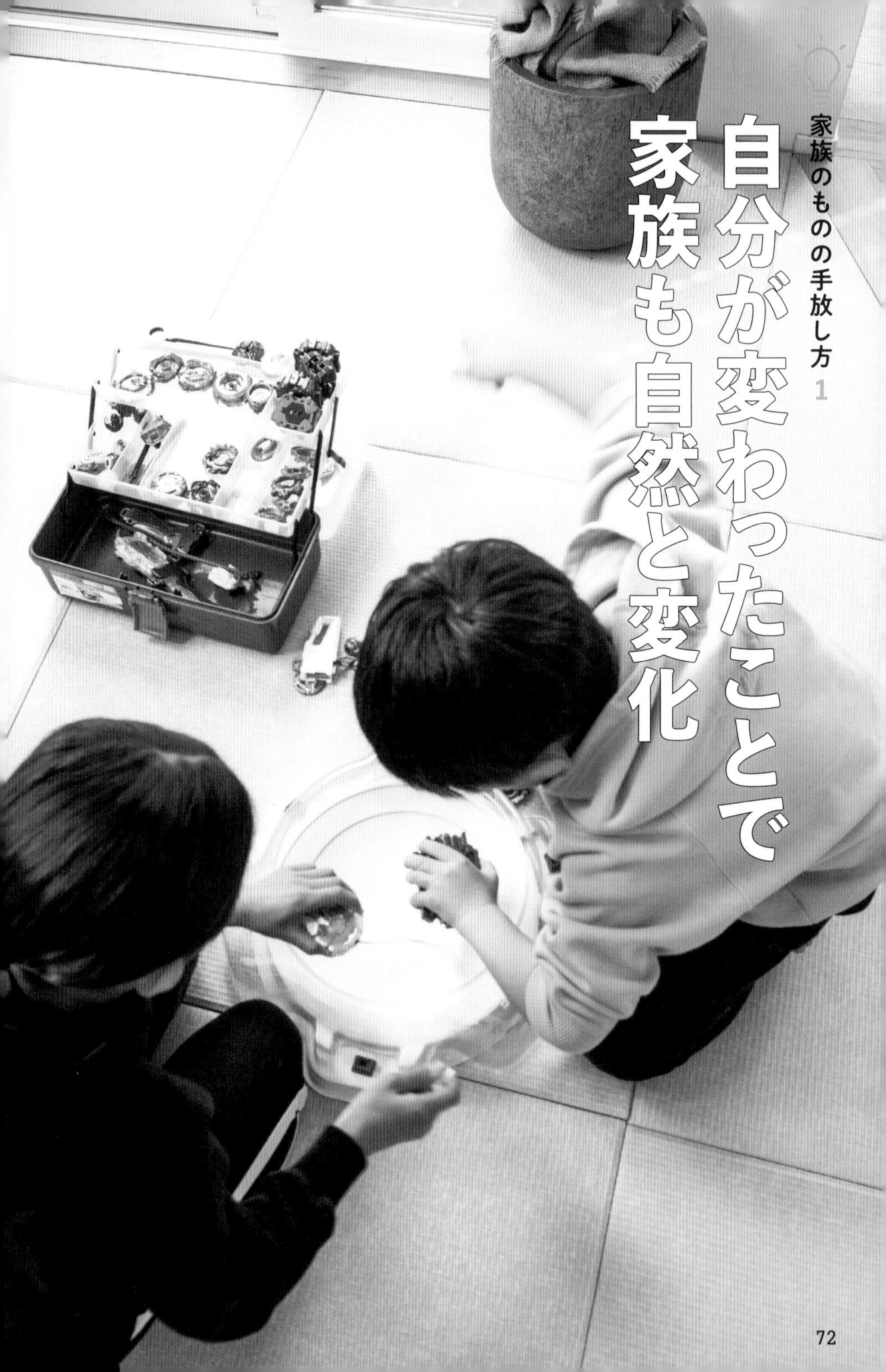

自分の突然の思い立ちから始まった、わが家の片づけ。最初は私の独断で手放せる自分のクローゼットからはじめたのですが、家族の協力もあって子どもたちのおもちゃや家族共有のものも減らしていきました。だんだんとものが減ると、「部屋がすっきりすると気持ちいい」「不要なものが少ないほうが、勝手がよくて暮らしやすい」そういったメリットを夫も子どもたちも、自然と感じてくれたように思います。

これまでにもお伝えしてきたように、私のものがあふれた暮らしは独身時代からの筋金入り。でも、夫の実家もとてもものが多かったそう。そういった環境で育ったふたりだったので、ものの多さに気づくまで時間がかかってしまったのだと思います。

そして片づけをする以前は、私だけでなく夫も時間に追われていました。ふたりとも本当に余裕がなかったんだなって、振り返って思うのですが、それも「片づいてはじめて」気づいたことです。そして、夫自身も片づけによって時間ができたこと、心に余裕ができたことを実感。環境が整っていくと気持ちも一緒に整っていく。片づけが持つそんなパワーを体感しているようです。でも、そういった実感があるからこそ、私も夫も継続ができるのだと思っています。

最初は「自分が変わるため」だったけれど、夫も「自分がいい方向に変われた」と言ってくれています。こうやって家族にメリットがあったというのは、私にとって一番うれしいことかもしれません。

いまでは家族それぞれが快適な空間をつくれるように

　かつてはおもちゃが散乱していた子ども部屋。いまは床に転がるものはなく、以前（P70参照）とは別の部屋のようにすっきりしています。これは、子どもたちの片づけの成果！　現在長女は中学1年生、次女は5年生。成長して、「おもちゃや人形であまり遊ばなくなった」という変化は当然あります。だけど、彼女たちはそれに代わって文房具や折り紙、あるいは勉強道具が必要な年頃。だから、以前のような環境やマインドだったら、それらが床に散らばっていたかもしれません。夫の服がしまってあるクローゼットも以前は、ギュウギュウ詰め（P15参照）。漫画本も雑貨も無造作に置かれていて、どこに何があるかわかりませんでしたが、いまは一目瞭然です。

　子どもたちは机まわりも自分で管理していますが、次女なんか、頭が下がるくらい整理上手（笑）。私が片づけを強制したわけでもなければ、「こう片づけたほうがいいよ」とアドバイスしたわけでもありません。でも、「よく使うものは一番上の引き出し

片づいていると掃除もしやすい

片づけ後は、掃除の習慣も生まれました。ゴミが出たら、さっとはけるように、イスの背もたれに掃除セットを引っかけています。

に入れる」など、自分が使い勝手がいいようにエ夫もしているようです。

そんな次女に、「どうして片づけをするの？」とたずねると、「机が使いやすいし、勉強もしやすいから」と言っていました。ほんとにコレ！　ものを減らして片づいていくと、いろいろな作業が快適になるんです。スペースが生まれることで、当然作業もしやすくなるし、ものを一つ取るのも、戻すのもラクになっていきますよね。

娘たちのデスクまわりは、いつもすっきり

1 夫の服などが収まるクローゼット。必要なものもすぐに取り出せます。**2** 子ども部屋は、子どもたちが管理。次女のデスクまわりは、使いやすいように工夫もされていて、いつもすっきり片づいています。

「無理強い」はしない。手放すかどうかは本人次第

私が家族のものと向き合うときの鉄則は、「勝手には手放さない」ということ。「どうする?」「いる?いらない?」という問いかけはしますが、おもちゃ一つとっても最終判断は必ず、本人。他の人にはいらないものに見えても、本人からすると大切なもの、思い入れがあるものかもしれません。それに、無理強いされたり、いつの間にか大事なものがなくなっていたりしたら、夫も子どもも、「片づけ」はイヤなことだと感じ、もうやりたくなくなってしまいますよね。

家族のものの手放し方 4

「何を手放すか」より「何が大切か」

大人も子どもも、「どれを捨てる？」と聞かれると、なかなか選べないですよね。では、「大切なものは？」ならどうでしょう。選びやすいのではないでしょうか。「大切」に当てはまらなければ、いまの自分には必要ないのかもしれません。こうやって「残すもの」から選んでいくと、手放すものが見つけやすいと思います。子どもたちにもそれぞれ「大切なもの」を選んでもらいましたが、私の予想と違いました。やはり「何が大切か」は本人次第なんですよね。

chapter3

家族のものの手放し方 3．4

「無理強い」はしない。手放すかどうかは本人次第

「何を手放すか」より「何が大切か」

家族の

おもちゃを手放すには

「こんなのいらないよ」などとも、口にしないように注意しています。

そして、「いらないもの」ではなくて、「大切なもの」を聞くことも意識。そうすることで、おもちゃを手放すイベントではなく、「自分の大切なもの」を私に教えるイベントになると思うのです。息子も、なんでこのおもちゃが好きなのか、どこがスゴいのかをここぞとばかりに楽しそうに教えてくれます。以前は、「どれも捨てたくない」と言っていましたが、大切なものへの愛着を深めることで、それ以外のものを自然と手放せるようになったのだと思います。

好きなところを教えるイベントに

制限を決めないとどんどん増えていくおもちゃ。まずわが家では「ここに入るまで」という基準をつくり、それ以上は持たないことを基本のルールにしています。

そして、定期的におもちゃを減らす作業を息子と実践。その際、息子自身に「いる」か「いらない」かを仕分けてもらいますが、前のページでもお伝えしたように無理強いはしません。つい言いがちですが、

「いる」
「いらない」を
決めるのは本人

残すおもちゃは
ここに入るまで

わが家では
おもちゃを
こうやって
手放します

おもちゃの売り上げは子どものおこづかいに

まだまだ使えるおもちゃや絵本は、誰かにゆずるかフリマアプリなどに出品することが多いです。そして、フリマアプリなどで利益があったときは、子どものおこづかいにすることがわが家の決まりごと。そういったプラスのメリットも、子どもたちの気持ちの持続につながっていると思います。

01 親せきや同僚の子どもにゆずる

ゆずった相手のうれしそうな顔は ゆずった側にとっても喜びに！

「どう手放すか」も基本、子どもと相談して決めますが、第一の選択として多いのが、親せきや同僚、友人のお子さんにゆずること。ただし、「ゆずりすぎる」と相手に負担をかけてしまうこともあるので（Ｐ90参照）、相手の適量を見計らいながら、多すぎない量をゆずるようにしています。もらってくれた子が喜んでくれると、ゆずったわが子もうれしくなるようです！

02 メルカリやジモティーでゆずる

顔見知りではないこと
必要性が明確なこともゆずりやすいポイント

フリマアプリ「メルカリ」に出品したり、ネット上でゆずる相手を探し、直接渡すサービス「ジモティー」もよく利用。知人へゆずる際は、「相手が無理にもらってないか」「押しつけになっていないか」が少し気になることもあります。その点、「メルカリ」や「ジモティー」は、相手がグッズを「求めて」コンタクトを取ってくれるので、「必要」であることが明確。相手の負担に、気を遣うことなくゆずれるところもメリットです。

03 リサイクル回収ボックスへ

「捨てる」よりも気持ちがラク
リサイクルの仕組みを知るきっかけにも

「マクドナルド」では、ハッピーセットのおもちゃを回収するリサイクル活動を実施しています。わが家でも不要になったハッピーセットのおもちゃは、店頭のボックスへ投函。捨てるよりも、気持ちがラクだし、エコの仕組みなどを知るきっかけにもなりますよね。洋服の場合も、「ユニクロ」や「ＧＵ」の服は私の服同様（Ｐ63参照）、リサイクル回収ボックスを利用することも。

家族の

子ども服を手放すには

所有するのは「いま着られる服」だけ

おもちゃだけでなく、服もわんさかありました。でも、結論からいうと子ども服は「手放す」作業はせず、とにかく「無駄に追加しない」ことに徹したのです。というのも、子ども服の場合、自然とサイズアウトしていきますよね。大人の服と違って手放しどきがすぐにやってくるので無理に減らすことはしませんでした。

以前の私は、「来年も着られるように」と少し大きいサイズを購入していたんです。それはすでに「来年用」まで買い込んでいるようなもの。そのうえ数もたくさん買うのだから、当然収納スペースに収まらず、服があふれ返っていました。

それまでずっと買い続けていましたが、片づけを機に一度買うことをストップ。すると、その時点で来年用もある状態なので、しばらくは追加をしなくても間に合いました。現在は「いま」使うものだけを持つようにしたため、引き出し内もすっきり。そして未来のものまで管理するのは大変なので、ジャストサイズのものしか買わないようにしています。

家族の作品を手放すには

プリントして額縁に。まずは「残して」楽しむ

一部を使ってしおりにすることも

子どもたちの作品は、見ていて幸せになれるものですよね。でも、子育て世代にとっては増えるものの代表だし、どう管理するか悩ましいものでもあります。

私自身もすぐ処分してしまうのは忍びない…。だから、少しの間は飾って家族とともに鑑賞を楽しみます。画用紙に描いた絵はプリントして、額縁に入れて飾っておくこともあります。

とはいえ、作品類は次々に増えてきます。特に立体的なものは、スペースも取るので、そのままの状態ではなかなか残せませんよね。そこで、ある程度飾ることを楽しんだら、写真に撮って残したり、一部だけをしおりにして残したりしています。こういった作品類も、勝手に捨てるのではなく、手放すかどうかはつくった本人に必ず確認。でも、子どもたちは「もう、いいよ」と言っても、私が残したいということもあるんですよね(笑)。そういうときは、もう少し残させてもらいます。

取っておける一工夫を

作品の一部をしおりにしました。見るたびに、心がなごみます。次のしおりをつくったら、これは手放すことに。

家族の文房具を手放すには

「まだ使える」よりも使い心地を優先

私のクローゼットの服もそうでしたが、「まだ使える」を基準にしてしまうと、ずっと手放すことができません。だから、私は「心地よく使えなくなったら」を、一つの区切りにしています。例えば、写真のように短くなった子どものえんぴつも、使おうと思えば、まだ使える。でも、「書きにくさ」を感じるならお別れして、新しいものを使っていくことにしています。

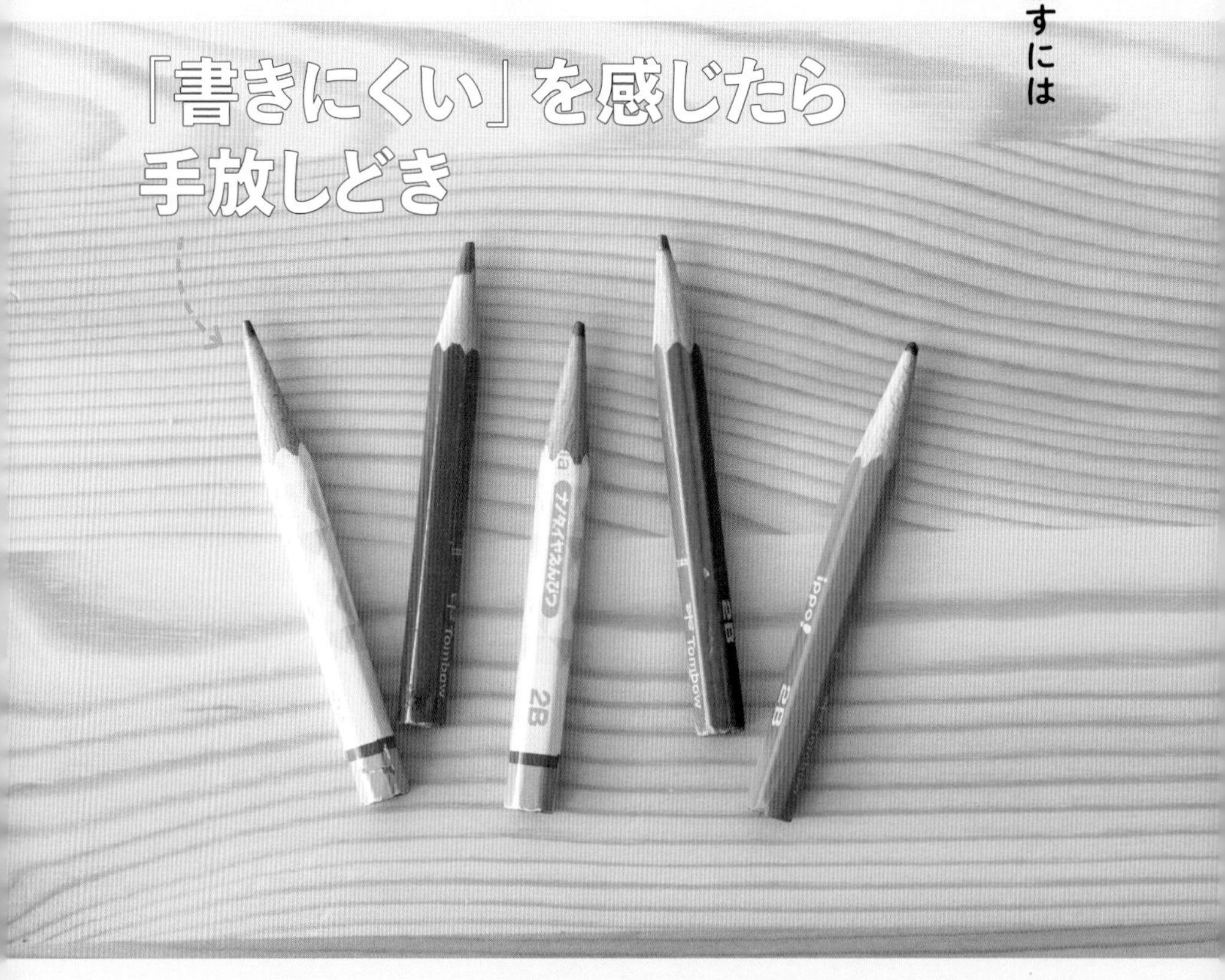

家族の

プリント類を手放すには

決まった場所に入れることを習慣に

学校のプリント類が机の上に山積み…。私自身も身に覚えがあります。そうなると、部屋に散在して大切なプリントがなくなってしまうことも否めません。そこで、息子がランドセルを置くエリアにプリントボックスを設置。帰宅したら、息子自身にここに入れてもらうことをルールにしました。これなら、散らばったり、あるいは出し忘れる心配もありません。

家族の

写真を手放すには

フォトブックでコンパクトに

以前は、透明のフィルムにすっと入れるタイプのアルバムに保存していました。でも、プリントしたり挟んだりする手間もかかるし、何よりかさばってスペースを取ります。そこで、フォトブックにシフト。専用アプリを使って写真をアップロードすれば、規定サイズのブックタイプのアルバムになって、手元に送られてきます。コンパクトだし、手間もなくて本当に便利！

家族の

思い出の品を手放すには

入る分だけと決めておく

「いま使わないもの」は、「手放す」のが私の片づけの基本ルール。それに沿えば、子どもの思い出の品も手放す対象ですよね。でも「残しておきたい」と思うのが親心だし、その気持ちがあったり、見て癒やされるのなら、自分にとっても必要なものだと思うのです。とはいえ、全部を残すのは難しいので、「この箱に入る分だけ」に。追加すれば何かを手放すことも大事にしています。

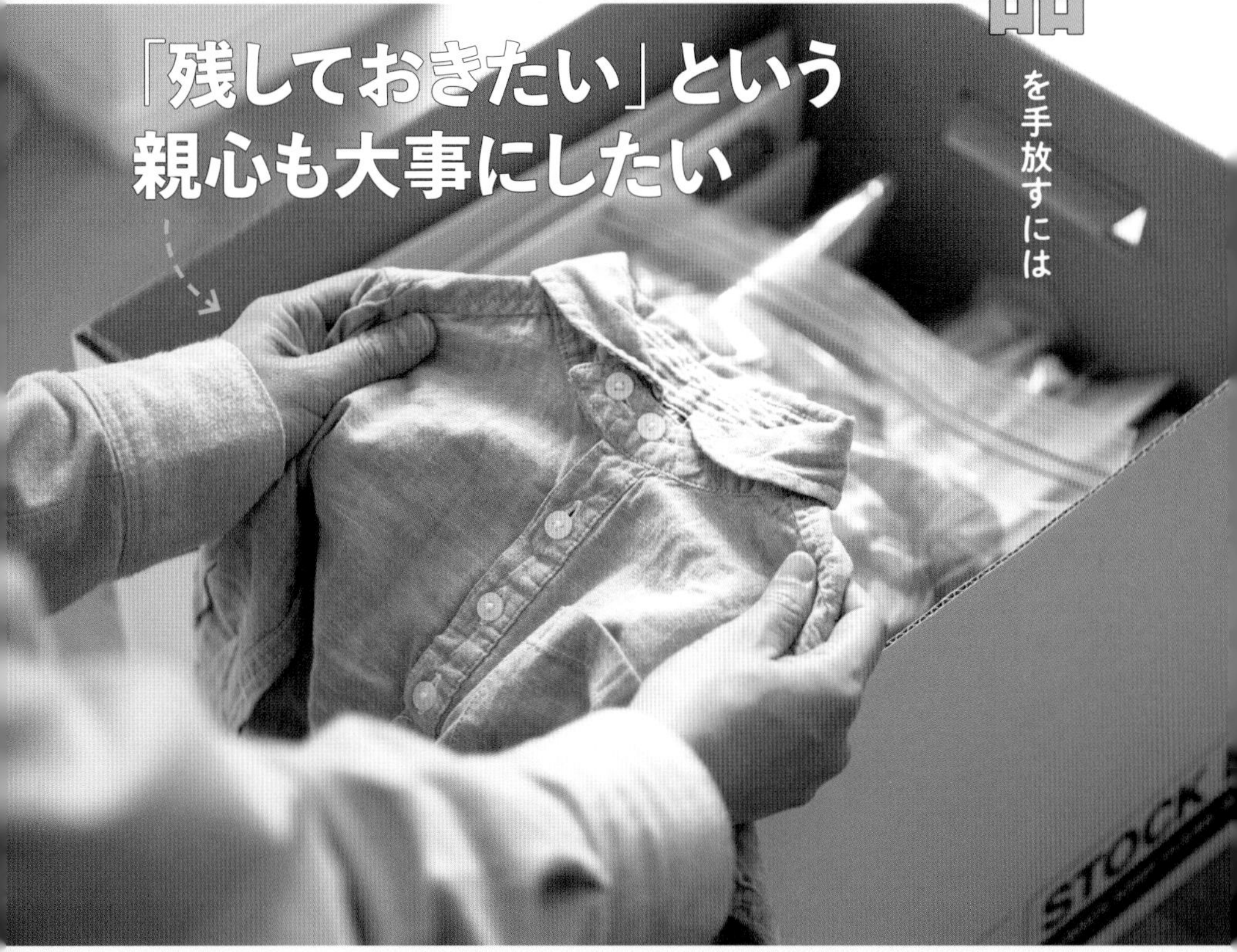
「残しておきたい」という
親心も大事にしたい
STOCK

「人にゆずる」は、ときに相手を苦しめることも

Ｐ80でもお伝えしたように、おもちゃや服は子どもがいる同僚や友人に、ゆずることも多くあります。このときに気をつけたいのが、「ゆずりすぎないこと」。というのも、昔の私がそうだったように、たくさんのものを所有してしまうと、それが自分を苦しめてしまうから…。つまり、昔の私と、同じ経験をさせてしまいかねないからです。

ゆずるときに「何が必要」かたずねると、「もう、なんでも」「ぜんぶ」という答えが返ってくることもあります。いま思えば、以

ゆずってもらった服が大量にあったわが家

「着るかもしれない」。そんな気持ちから、たくさんゆずってもらっていました。実際のところ、着たのは限られた分だけでした。

前の私も、ゆずっていただけるものは、何でもいただいていた節がありました。その挙句、散らばって、管理できなくて、処分にも手間と時間をかけてしまう…。

相手が本当にぜんぶ必要かどうかや、相手にとっての「適量」はわかりません。もちろん、その方が管理できる量であれば、持っていてもいいと思うのです。ただ、片づけを経験した私から見て、きっと「適量」を超えかねないのでは…と思うことも。そういった場合は、相手のお子さんの月齢や、住まいの環境、暮らしなども考え、「このくらいなら」という量を自分なりにコントロールしてゆずるようにしています。

それに、相手としては、「せっかくの好意を断れない」ということもあるかもしれませんよね。私自身、もらっていただけたら、うれしいしラクです。でも、それが押しつけになっていないだろうか。相手にとって本当に必要だろうか。その点も、慎重になるようにしています。

管理しきれない量をもらった挙句、散乱

おもちゃ類ももらいすぎた結果、収納し切れずリビングに散乱。片づけるといっても、ただ端に寄せるだけでした。

家族のものの手放し方 6

おこづかい制にすることで「何が優先か」を考えるように

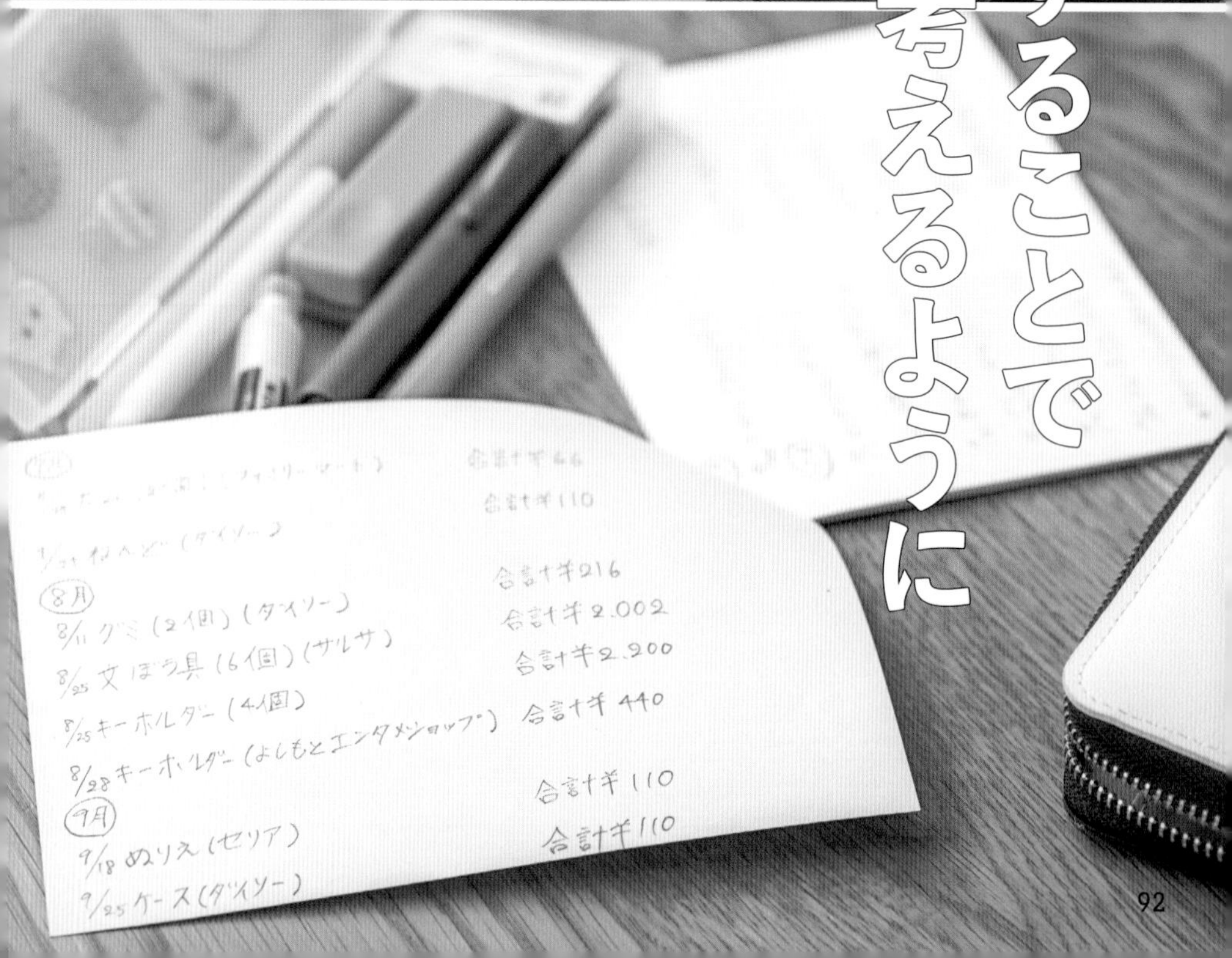

chapter3
家族のものの手放し方６

おこづかい制にすることで「何が優先か」を考えるように

片づけをはじめてから、わが家の子どもたちには「おこづかい制」を導入しました。Ｐ71でお伝えしてきたように、以前は、私自身が子どもたちにたくさんものを買い、子どもが「買いたい」と言えば、すんなり買う。それが、ふつうだったのです。

きっかけは、私自身も「おこづかい制」にしたこと。以前は制限なく使っていたのですが1か月当たりに自分が使う金額を定めました。片づけ後は、ほぼものを購入していなかったので以前とは少し比較しにくい部分はありますが、それでも自分が「何に使うか」とか、お金とものと気持ちのバランスが少し見えてきました。

子どもたちのおこづかいは、それぞれ学年×１００円。２年生の息子は２００円。５年生の次女は５００円。それに加え、おもちゃを売ったときの利益なども子どもたちのおこづかいにしています（Ｐ80参照）。限られた金額なので子どもたちも「自分が買うもの」を厳選し、買ったものを大切に使うようにもなったのですが、じつは、こんな気づきもありました。

次女は３人の中でも一番コツコツお手伝いをして収入を増やすタイプ。でも、私やお姉ちゃん、弟に何か買ってくれたりするんです。自分で使うより「人が喜ぶこと」に使うのが好きなのだとか。以前の私は、「形あるもの」で心を満たそうとしていました。「自分の好き」や「快適」は形がないところにもあるんだな…。そんなことに改めて、気づかされました。

家族のものの手放し方 7

自分の好きなものだから自分で管理する

おこづかい制にしたことで、子どもたちはそれぞれ一番欲しいものを選んで購入するようになりました。選んだものは、もちろん好きなものだから、大切に使うようになっていきました。

以前は、「壊れかけのおもちゃ」や、「電池が入ってないおもちゃ」も家の中に多かったように思うのです。それは、「大切にしていなかった」という表れだし、それらを使ってなかったということですよね。結局、「なくてもよかった」おもちゃにスペー

スをたくさん取られていたわけです。でも、いま残っているものは、状態もきれいだし、どれも電池が入っています。

　娘たちも大事なものは、「どう保管するときれいに保てるか」を考えるようになったと思います。自分なりのいい方法を試行錯誤して実践しています。

　子どもたちのおこづかい制は、「片づけ」のためにはじめたことではありません。でも、おこづかい制にしたことで、本当に必要なものだけを購入。それにより、ものを大事に使ったり管理したりする習慣がつき、壊れて使えないものも減りました。結果的に、不要なおもちゃ類がなくなり、すっきりとした空間づくりにもつながっていきました。メリットはたくさんあったなと思っています。

　洋服はもちろんおこづかい以外で購入しますが、そのときも子ども自身が「自分で選ぶ」ようにしています。そのほうが、大切にする意識が生まれますよね。

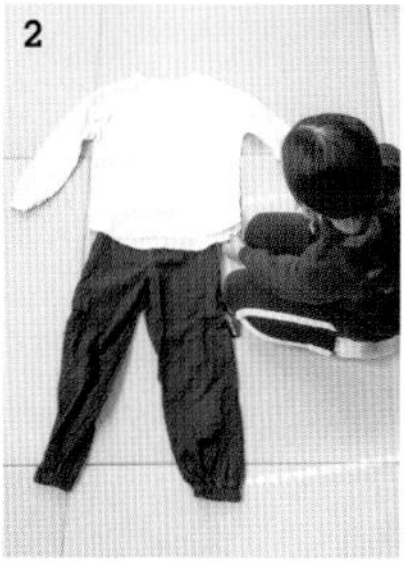

管理の仕方も考えていねいに保管

1 次女は、おこづかいで買った大好きな折り紙や、つくった作品をていねいに保管しています。
2 服も自分で選べば愛着も沸きます。コーディネートも自分で！

家族のものの手放し方 8

一緒に片づけると夫が「何を大切にしているのか？」も見えてきた

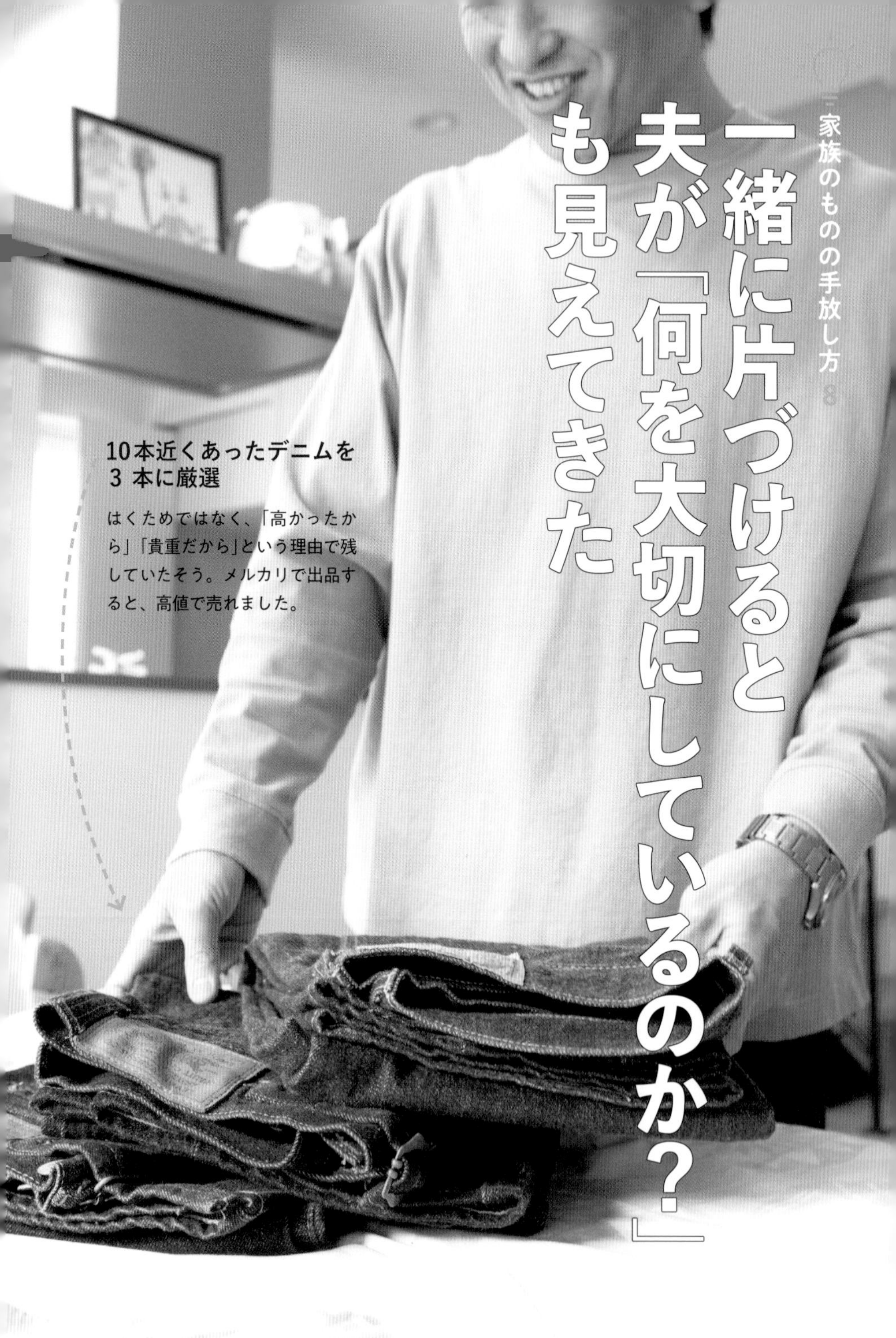

10本近くあったデニムを3 本に厳選

はくためではなく、「高かったから」「貴重だから」という理由で残していたそう。メルカリで出品すると、高値で売れました。

夫にも無理強いはしないし、自分の考えを押しつけたりしません。もちろん、勝手に手放したりもしません。だけど、夫自身も片づけに共感しているのは事実。不要なものは「手放したい」気持ちが芽生えているのも事実だと思います。だからその気持ちをサポートしたいという思いで「使わないほうがもったいないかも」「大切なものこそ使って欲しいな」と、口にしていました。

そんな言葉に感化されてか、夫も使っていない服やものを少しずつ手放しはじめたんです。例えば、夫こだわりのデニムコレクション。手放した結果、いまは3本になりましたが、もともと10本近くありました。夫いわく、なかなか手に入らない貴重なもの。20年近く前に買ったものですが、当時のおこづかいやお年玉をどんとつぎ込んだ、それなりに高値のものなのだそう。

片づけのマインドが定着した私からすると、「いま着なければ必要ない」と思ってしまいます。でも、一緒に片づけていくと、本人にしかわからない価値や思い入れがあることがわかり、「こういうことを大事にしているんだ」ということも、見えてきました。そして、夫も私の考え方や大事にしていることに気づいたのだと思います。その結果、数本は手放そうと心が動いたようです。いまでは、残したデニムをふだんばきするのが楽しみになっているようです。

お互いに、無理強いはしません。でもいい影響を与え合えているのかも!? そんなふうにも思っています。

一緒に片づけると
夫が「何を大切にしているのか?」も見えてきた

chapter 4

すっきりをキープするためには

「ものを減らす」ことこそ、すっきりを維持するコツ。
しかし、いくら減らしたとしても、また買えば当然増えて、
リバウンドしてしまいます。それに、ものが減っても
片づけなければ、散らかるばかり…。不要なものを
増やさないためには？　片づけをラクにするためには…？
そのコツが、私にも少しずつ身についていきました。

すっきりをキープするためには 1

片づけは暮らしの一部。毎日の習慣だけど最優先にはしない

片づけをはじめて約４年。「いつまで続けるの？」そんなふうに言われることがあります。でも、片づけに「終わり」はないんですよね。だって、そもそも「片づける」ということは、出したものを元に戻すこと。生活していれば、必ずものを使うし、それを戻さない、しまわないから、散らかってしまうのです。わが家の場合は、そもそも

収まっていなくて、戻すべき場所からもあふれていました…。まずは戻す場所をつくり、スムーズに戻せるようにするために、「ものを減らす」ことをしてきました。

ところで、「終わりがない」なんて聞くと、ちょっとげんなりしてしまいますよね。でもそれは「終わりがある」と思っているからではないでしょうか。片づけって生活とセットだから、生きている限り食事が続くように、片づけも続くものだと思うのです。とはいえ、「片づけ」のために、食事がおろそかになったり、寝る時間が減ったりしたら、それは心身ともに不健康。P20でもお伝えしたように、「自分にとって何が大切か」を見失わないことが大事だし、あくまでもそれをかなえるための手段です。

そうそう、「片づけ」というと「後始末」のような印象があって、少し面倒な気がしますよね。でも、見方を変えれば「次の作業の準備」なんですよね。夕食後の作業は、片づけと思わず、「翌朝、料理をスムーズにするための準備」。終わったことのためにではなく「未来のために」。そう思うと、少しラクな気持ちになりませんか？

すっきりをキープするために 2

できたことを『書きとめておく』ことも片づけを習慣化するコツ

ご飯を食べたり、歯を磨いたり、顔を洗ったり。これって私たちが無意識のうちにできていることだと思うんです。だから、面倒とも、苦痛とも思わないですよね。片づけも無意識になれば、「やらなくちゃ」とも「やりたくない」とも思わなくなっていくのだと思います。そうなったら、生活の一部として習慣化したと言えるのかもしれません。とはいえ、すぐには歯磨きのようにはいきません…。でも、少しずつコツコツと習慣化できればいいなと思っています。

いまは、毎日出勤前に「さっと掃除する」を習慣にしています。他にも、「やる」と決めていることがいくつかありますが、それらは、だんだんと生活の中に組み込まれていき、自分の中にもインプットされてきました。でも、最初のうちは忘れてしまったり、面倒でやらなかったりしたんです。だから、「できたこと」「やること」を日記につけたり、書き出したり、SNSに投稿することで、自分の中で意識づけをしていきました。そうすることでだんだんと身につけることができたのだと思います。

もちろんできないこともあります。でも、できなかったとしても追い込んだり、落ち込んだりはしません。だって、片づけや掃除と、遅刻しないことのどちらが大事かといったら、当然、後者ですよね。

片づけは暮らしの一部です。だから、「やろう」という意識は大事にしつつも、「できる範囲で」という柔軟さも大切にしています。

買うのは簡単。でも捨てるのは大変だから増やさない工夫も必要

昔の私は「買えばいいや」が基本。「着たい服がなければ買う」「合わせるものを買う」。買うというのは、私にとってすごくラクな逃げ道だったと思うのです。

いまの私には、買わない生活が定着し、一つのものを選ぶのにも慎重になりました。そうは言っても「買う」のは簡単。せっかくものを減らし、すっきりしてきたので、この空間をキープしたい。そのためには、「不要なものを買わない、入れない、増やさない」ための工夫が大事だと思います。

それから、約1年前に「整理収納アドバイザー」の資格も取りました。心地よい空間を維持するためには収納のノウハウも必要で、それが、ものを増やさないためにも役立っています。

私は
こう維持して
います
01

1つ買ったら 1つ以上手放す

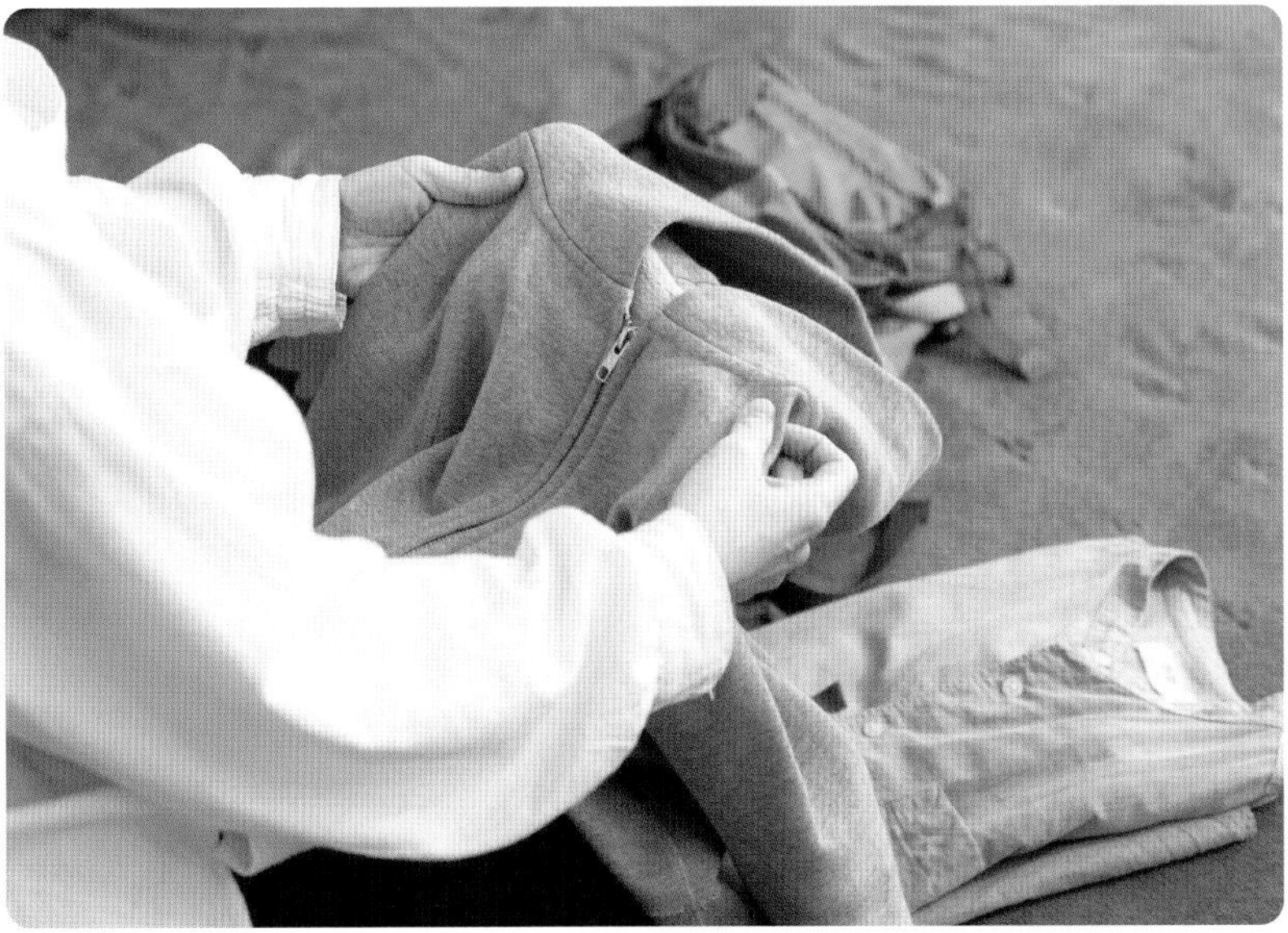

追加と手放すをセットにしていれば 現状より枚数は増えない

1つ増えても1つ減らせば、当然「プラスマイナス、ゼロ」。至極単純ですが、これが徹底できれば現状よりも服が増えることはありませんよね。もちろん、「1つ以上」手放せば、手持ちの数を減らすこともできます。「新しく買う」ことは決して悪いことだと思っていません。服は消耗品なので、清潔感を保つためにも新調は必要ですし、私もすてきな服があれば、吟味はしますが、もちろん購入します。でも、そのときに大事なのが、買った分だけ「手放す」ということ。「現状よりも増やさない」を意識することが、服に限らずすっきりをキープするために重要です。

私は
こう維持
しています
02

ハンガーは数を決めておく

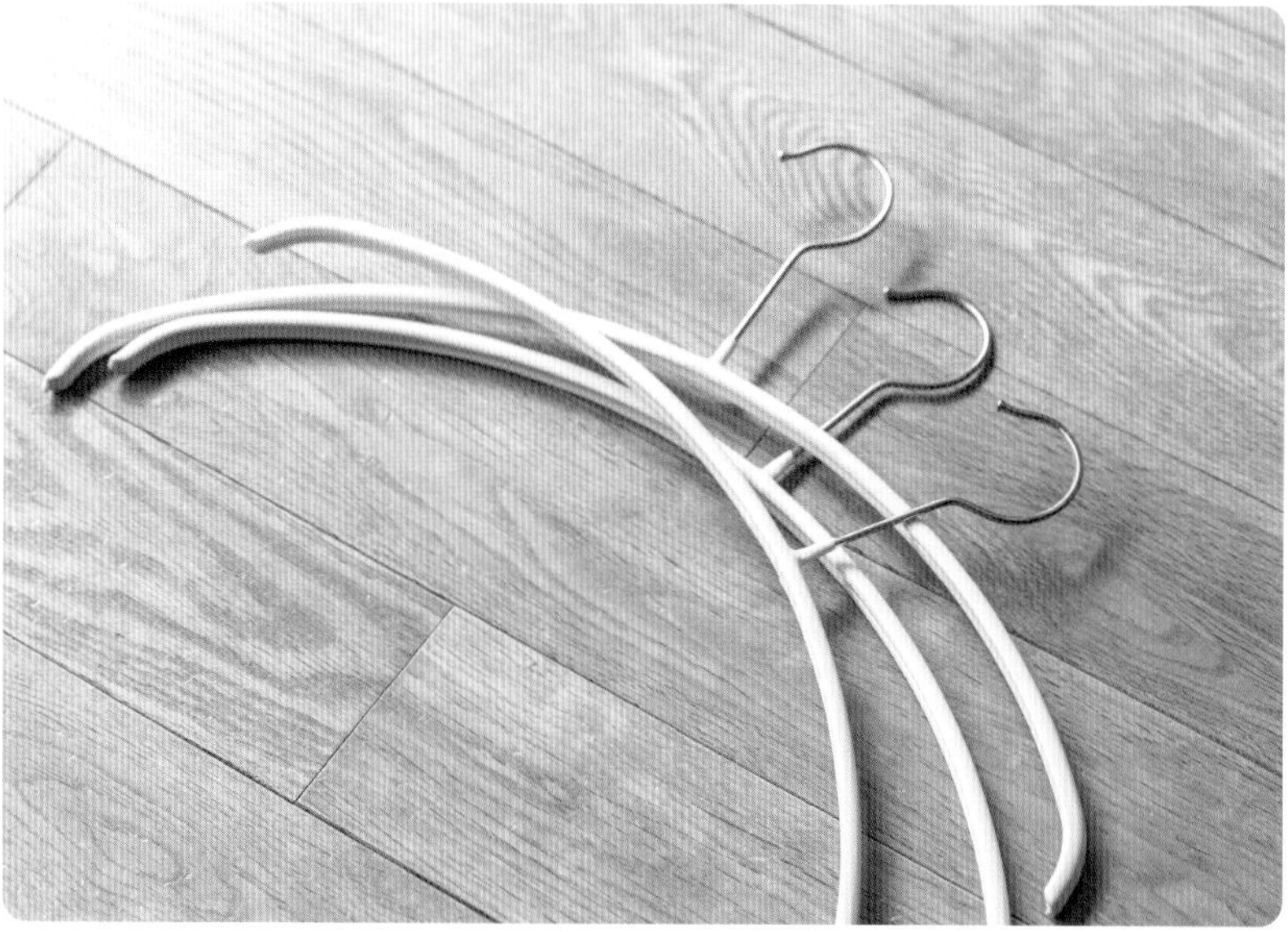

「1つ入れたら、1つ減らす」の法則で、ハンガーの数より服を増やさない

おもちゃの場合（P78）も、「このかごに入るだけ」と決めていたように、ものに合わせて収納を増やしたり、大きくしたりするのではなく、収納に合わせてものの量を固定することが大事です。洋服の場合は、服の数に合わせてハンガーの数を決めておきます。そして、そのハンガーの数以上の服を持たないことがルール。つまり、新しい服が入ってきたら、いずれかの服を手放してハンガーをゆずります。この法則でいけば、「1つ入れたら、1つ減らす」ができるので、もとからある数より、服が増えることがありません。

私は
こう維持
しています
03

着用した服は一定方向から戻す

出番が少ない服を認識できるから、手放すときの参考になる

右でも左でもわかりやすいほうでOKですが、私の場合は着た服を、常にいちばん右側にかけていきます。こうしていくと、必然的に出番が少ない服が左側に集まっていきますよね。新しい服を買ってどれかを「手放す」場合、「何を手放していいかわからない」「迷ってしまう」となると、減らすことにストップがかかってしまいます。必ずしも、これだけで決めなくてもいいのですが、参考になる要素があると手放しもスムーズ。色ごとやアイテムごとにまとめてかけるというのも、すっきり見せる1つのワザですが、私は、次に「手放す服」を視野に入れてこのかけ方にしています。

私は
こう維持
しています
04

ときどき手に取って状態を点検

「出番が少ない」理由がわかれば、扱い方も変わる

P107のように戻していくとふだん「出番が少ない服」がわかってきます。でも、出番がないことには、何かしらの理由があると思うのです。そういった服も、ときどき手に取り、理由を見つけるようにしています。すると、黄ばみが目立っていたり、ボタンが取れていたり…。以前気づいたダメージのケアを忘れていたということもありますよね。そういった場合、手入れすれば、また頻繁に着る服になるかもしれません。あるいは、「もう着ない」と認識できて、早々に手放す決断ができることも。管理するうえでは、ただただ眠っている服をつくらないことも意識しています。

私は
こう維持
しています
05

欲しいものは手帳に記録して吟味

すぐには購入しない。まずは本当に必要かを考える

新しいものを購入するときは、とても慎重になりました。欲しいものがあるときはすぐ購入せず、書きとめておき、本当に必要か、似たものがないか、レンタルできないかなども考えます。例えば、子どもの発表会のドレスなどは、何度も使う服ではないのでレンタルすることも。そして、高くても安くても、どんなブランドでも、1つのもの。スペースを使うことや、管理することに差異はないので、「安いからいいや」の妥協もしません。とはいえ、あまり慎重になりすぎると疲れてしまいます。「買うこと」が悪では決してないので、ほどよい加減も大事にしたいです。

私は
こう維持
しています
06

試着は必須。ネットでは買わない

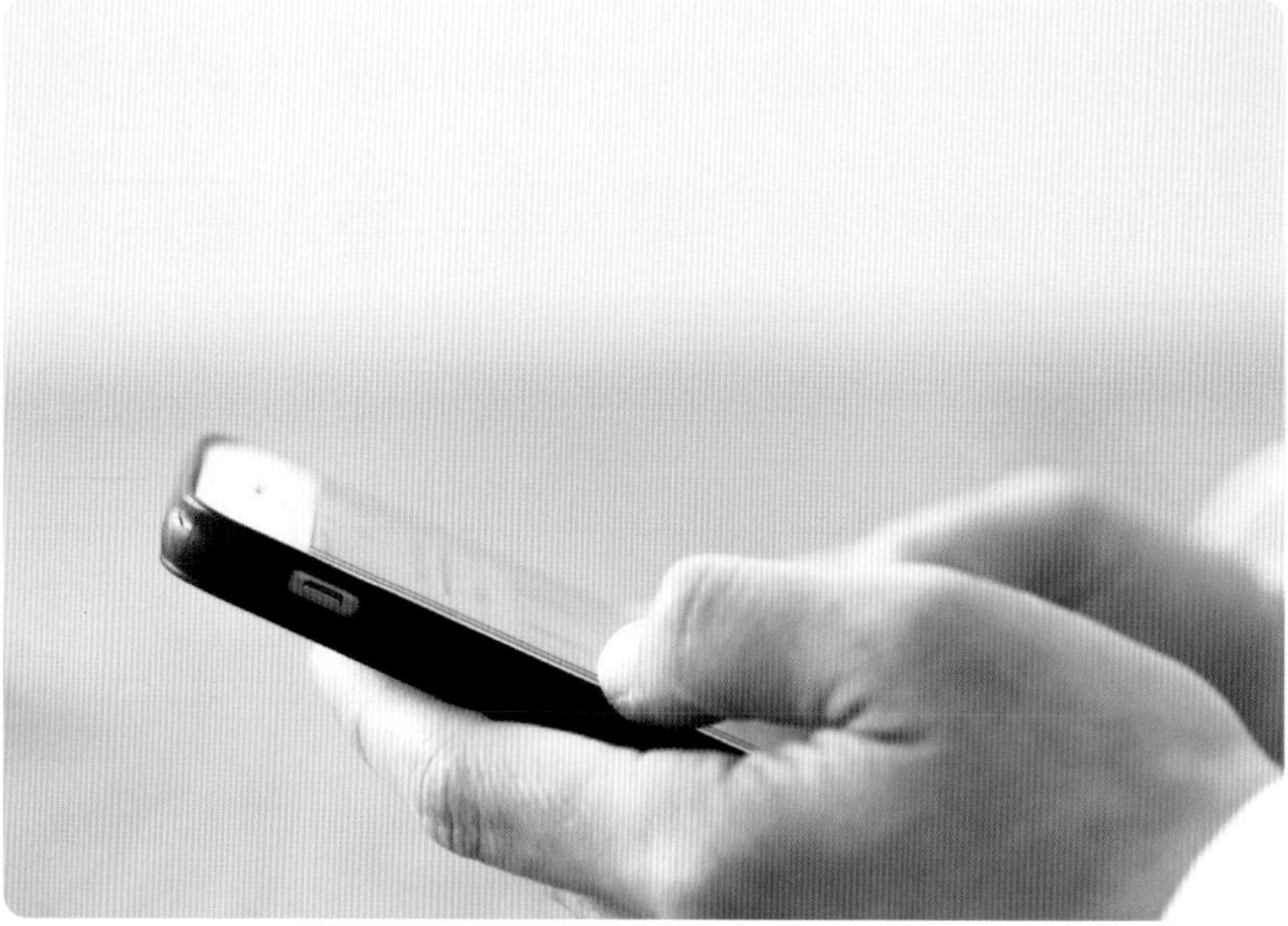

ネットではよく見えても、実物だと印象が違うことも

私が手放した服の多くは、ネットで購入したものでした。ネットショッピングはゆっくりリサーチもできるし、近くに店舗がなくてもお目当ての服が買えるメリットがあります。でも、やはり試着ができない、実物を見られないことがデメリット。以前、白い服を購入したときに、届いた服は自分が想像していた「白」と全然違ったことがありました。同じ「白」でも、少し違うと雰囲気が違い自分好みではなかったのです。不要な服を買えば、手放す手間もかかります。そうならないようにいまは「試着」ができるリアル店舗か、返品も可能なネットショップを利用しています。

私は
こう維持
しています
07

クローゼットに余白を残す

詰め込みは、散らかりや不要な買い足しの原因に

クローゼットに空間があると、つい服を詰め込みたくなりますよね。でも詰め込んでしまうと、どんな服があるのか把握しにくくなるし、取り出しにくくなってしまいます。把握できなくなると、使わない服を生んでしまったり、「足らない」などとも思いがち。また、取り出しにくいということは、戻しにくいということ。戻さなければ、当然散らかる原因になってしまいます。だから、詰め込むことはせず、つねに「余白」がある状態をキープしています。それから、余白があるほうが湿気も溜まりにくいので、服も傷みにくいですよね。

ものの数を増やさないためにも「専用」はつくらない

服もそうですが、きちんとしたシーン専用、パーティー専用などと決めてしまうと、結局、「そのとき」しか出番がなく、大半が待機状態になってしまいますよね。そして、数がどんどん増えてしまいます。

例えば、キッチンの食器類もそう。パスタ専用、サラダ専用、などと使い分けせず、できるだけいろいろな料理に万能に使えるものを持つようにしています。そして、「お客様専用」も持ちません。そのほうが、食器の数を減らせるから。それから、部屋のエリアによって洗剤を使い分けている人も多いのではないでしょうか。かつての私もそうでしたが、いまは洗剤類の「使い分け」はしません。中性洗剤一つあれば、キッチンも洗面所もきれいに！

もちろん、使い分けが必要な場合や、使い分けしたほうが効率的な場合は、そうします。でも不要な使い分けは、ものを増やす原因に。必然的に管理の手間も増えていきます。使い回せれば、ものも一つ、スペースは一か所で済むので、空間もすっきり。

すっきり**キッチン**をキープするには

食器はふだん使いとお客様専用の垣根をつくらない

実際のところお客様用専用の食器って、ほとんど出番なし。それなのにスペースをつくったり管理したりするのは、場所も手間ももったいないですよね。だから、わが家ではすべてをお客様に出しても恥ずかしくない食器にし、ふだん使いとお客様用の垣根をなくしました。それで日常生活をまかなえるなら、お客様がいらしても間に合うんですね。数も減って管理も快適に。

2

1

不要な食器は手放し
日常使うものだけに

箱に入ったまま保管していた未使用の食器、奥にしまってあった「お客様専用」食器、ひび割れや汚れがある食器、使いにくい食器なども手放しました。詰め込みすぎず、余白を残しているので取り出しもスムーズ。

すっきり

洗面所をキープするには

定期的な入れ替えで使い心地も維持

タオルは1人につき3枚。3枚×5人分と、予備2枚で合計17枚がわが家の定数。そして1年に1度、5枚新調し5枚を手放す。そのルーティンで枚数を維持します。長く使うことより、気持ちよく使うことを大事にしたいので、こういった定期的な入れ替えも設けました。それからバスマットは持ちません。タオルでその用途は十分まかなえることがわかったので手放しました。

すっきりファミリークローゼットをキープするには

片づけやすいように使う場所の近くに収納

使う場所の近くに収納することも、すっきりを保つコツ。離れた場所だと戻すのが面倒ですよね。だから、家族がリビングで使う小物などは1階のリビングに隣接するここに集約しています。小学校2年生の息子は着替えも宿題もリビング。ジャンルの違うものが混在していると違和感があるかもしれませんが、片づけやすさを意識して、息子のものもこの場所にまとめました。

すっきりをキープするためには 5

もの に適した収納グッズで持ち出しも片づけも時短に

「すっきりをキープする」ためには、ものが散らばらないように管理することも必要。そのために、収納グッズも適宜取り入れています。

例えば、わが家では病院で必要なアイテムを一人ひとりセットにして100円ショップのポーチにまとめています。健康保険証、診察券、お薬手帳、小銭も。私が暮らす自治体では小中学生の医療費は無料です。だから、子どもは基本お金を持たずに行っても困らないのですが、容器代だけが

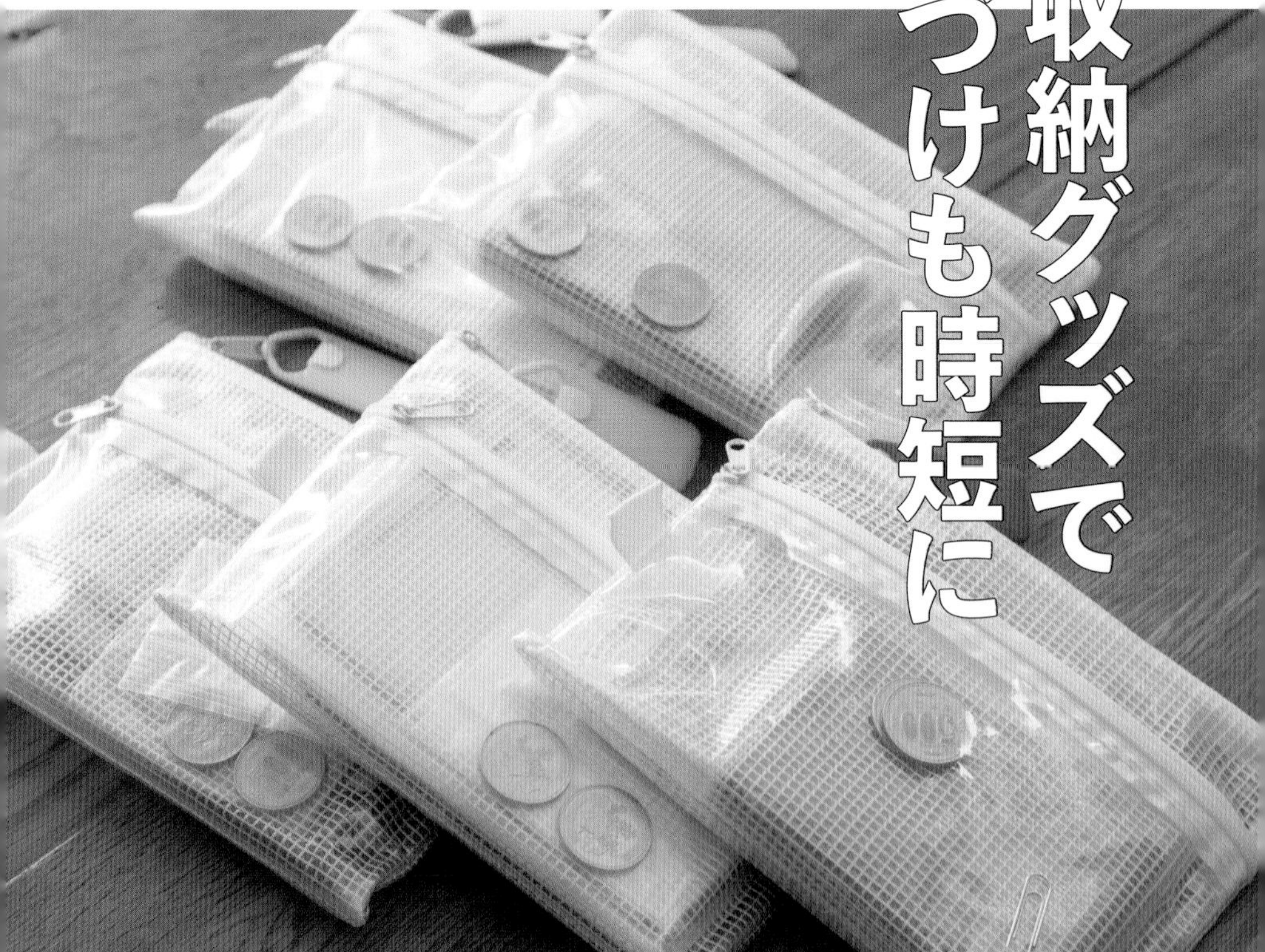

かかるようなこともあります。小銭はそういった、いざというときのための備えです。

こうやってポーチにまとめておけば、散らばることもないし「あれ持った、これ持った」と確認することなく、出かけるときにさっと持ち出せて時短にもなります。

また、こまごました部品が多い「人生ゲーム」は、１００円ショップで購入したいくつかのケースを使って収納しています。

この部品には「こういうケースが必要」というのをあらかじめ子どもたちと考えて、目的にあったケースを探しにいきました。そのおかげで、片づけもしやすいし、パーツが行方不明になることもありません。

収納グッズを買うときは、「入れるもの」に合わせて購入するのが鉄則。「何かに使えるかも」で買ってしまうと、だいたい使い道がなく、そのままお荷物に。私もこれまでに、無駄に増えた、使っていない収納グッズをたくさん手放してきました。

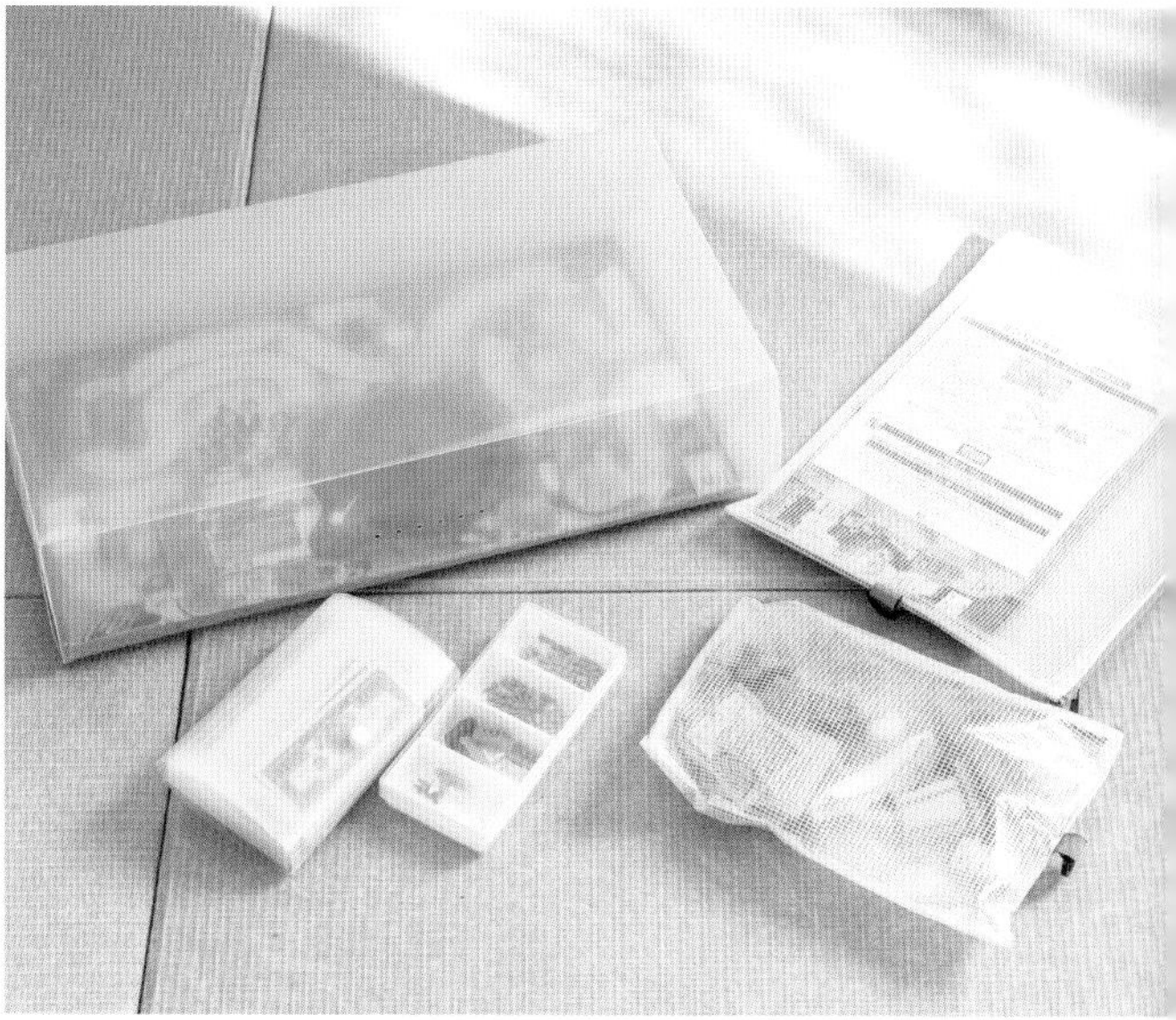

ブーツケースを台紙入れに活用！

細かいパーツ、説明書などもそれぞれ分けて収納。ものの形に合わせケースを選びました。本体を入れている大きなケースは、本来の用途はブーツケースですが、これが、ちょうどいい！　１年以上使っていますがパーツがなくなったり、壊れることもなくきれいに保てています。

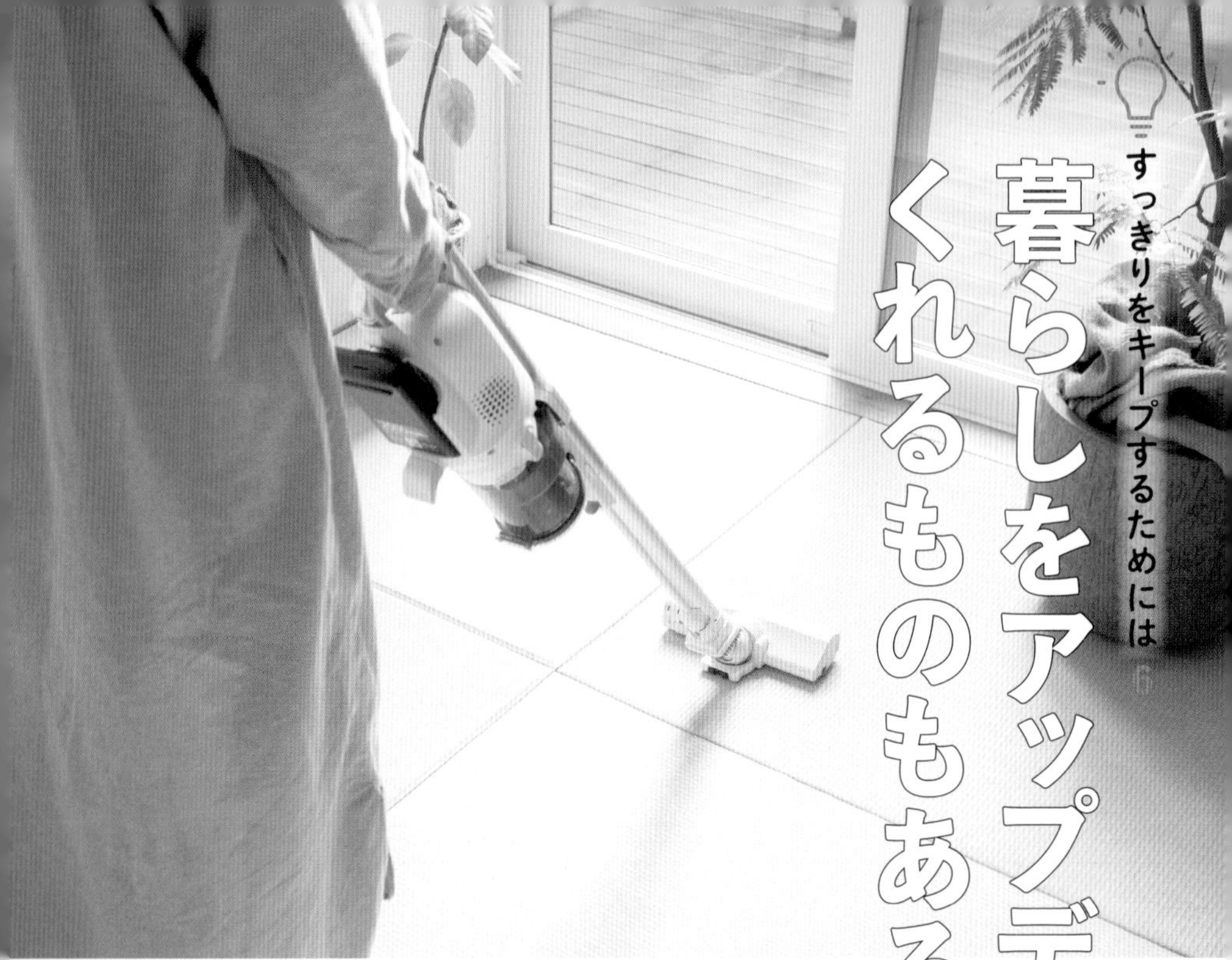

すっきりをキープするためには

暮らしをアップデートしてくれるものもある

私は「買わない」ことにこだわっているのではありません。いまの自分、いまの暮らしに必要なものは購入します。

不要なものを「手放す」ことで時間や心の余裕ができましたが、便利なものもまた、時短をかなえてくれるものです。大事なのは、ものを「持たない」ではなく、「何を持つか」ですよね。

先日、わが家は掃除機を買い替えました。それまで、日常使いしている掃除機があったのですが、夫が目星をつけていたのは、より性能がいいもの。新しいものを購入するときは、どんなものでも「話し合う」ことがわが家のルールです。まず、いまあるものをどうするか、どこに片づけるか、他で代用できないか…。そんなふうにメリット、デメリットを出してメリットがまされば購入に至るんです。そういったプロセスを経て新調した掃除機は買って正解。軽くて性能がよく、生活もアップデートしました。

以前は、こういった話し合いをする時間も、考える余裕もなく、とりあえずで購入。だから失敗もしていました。

最近、夫婦のおそろいのものが増えたんです。ペアルックで出かけたいわけではなくて(笑)、互いに自分が使ってよかったものは、シェアするようになったからだと思います。ブーツやスニーカー、おそろいのイヤホンもあります。どれも夫が「はきやすいよ」「使いやすいよ」と教えてくれたもの。そういったお墨つきがあると、失敗も少ないし、安心して購入できますよね。

chapter 5

ものとともに手放した思考と習慣

昔の私は、いまよりずっとネガティブだし、
心配性だし、頑固だし…。でも、ものを「手放す」ことで、
自分自身を苦しめていたそういった考え方や、
思い込みも離れていったのです。
そして、「いらない思考」を手放してできた余白には、
幸せな時間や心地のいい習慣がすっと入ってきました。

大事なのは人がどう思うかより自分が着たいかどうか

以前の私は、「他人の目」ばかり気にしていました。「自分がどうか」より、「人がどう思っているか」。何をするときも、それが判断基準でした。だから、服においても、「いつも同じだと思われたくない」「安い服だと思われたくない」。気にすることはそういうことばかり…。そして、そう思われないための自分なりの答えが、「高くて最新で流行の服」を着ること。だから、条件に当てはまる服を次々と買い求めてきました。でも、いくら高い服を買い、新しい服を着ても、ネガティブな思いをぬぐえませんでした。

「いまの私」には、もうその思いはありません。なぜなら、「手放す」ことや「片づけ」が、自分を変えてくれたから。

特に服を取捨選択するときは、「どっちが好き？」「この服のどこが好き？」と、自問自答。一つ一つと向き合いながら、自分で答えを出さないといけません。そういったなかで、自分の好みがわかるようになり、それを一番よく知る自分自身の選択を信じられるようになったのだと思います。
　これまでもお伝えしてきたように、いまは「自分が着たい服」しか残っていません。そして、「人がどう思っているか」なんて、気にしていません。同じ服でも「自分が気に入っているから」「自分が心地よく着ているから」と胸を張って言えます。さらにいまの私は「自分で選ぶ」「自分で判断する」ということ自体も、楽しめるようになったと思います。

自分が
したいことは
手帳にもメモ

愛用するのは、「自分軸手帳」。この言葉をいつも見て、「こうあるべき（＝他人軸）」より、「こうありたい（＝自分軸）」を見失わないようにしています。

ネガティブな自分を服で隠すことをやめた

かつての私は、「高くて、新しい服」ばかり着ていました。でも、それは「身の丈」に合っていなかった。小心でネガティブで自信がない。本当は、そんなちっぽけな自分。だけど、それを人に気づかれたくなかったし、何よりも、自分自身が認めたくなかったのかもしれません。だから、「高くて新しい服」を着ることで、自分を大きく見せようとしていたのだと思います。

片づけをはじめたばかりの頃は、まだそれにはっきりと気づいていませんでした。

でも、少しずつ服を減らしていくなかでふと、「服で自分を大きく見せることはやめよう」「本当の自分を隠すための服はもういらない」。そんな思いが降りてきたのです。その瞬間に、心もスーッと軽くなったのをいまでも鮮明に覚えています。そして、手放すことも、また一段階ラクになりました。

あのたくさんの服は、自分自身から目を背けてきた代償だったのだなといまは思います。長年、そんな服をまとい続けてきた私。それは、重くて、息苦しくて窮

屈だったことでしょう…。その服から解放されたいまは、身軽でとにかく快適！

私自身、服を手放し自分を知ることで、少しずつ自信を持てるようになりました。でも、やはりいまも、ネガティブな自分はここにいます。未熟で、いろんなことに迷う自分がいます。だからといって、「そんな自分はダメ」「変わらなくては」とは思っていません。そんな自分も自分。素直に受け止められる自分になりました。

身の丈に合った服をきっと選べている

いまの私は、ブランドも価格も気にしません。「身の丈にあった服」のおかげで、自分らしくいられます。大事にしているのは、自分が心地よく着られて、心地よく暮らせることです。

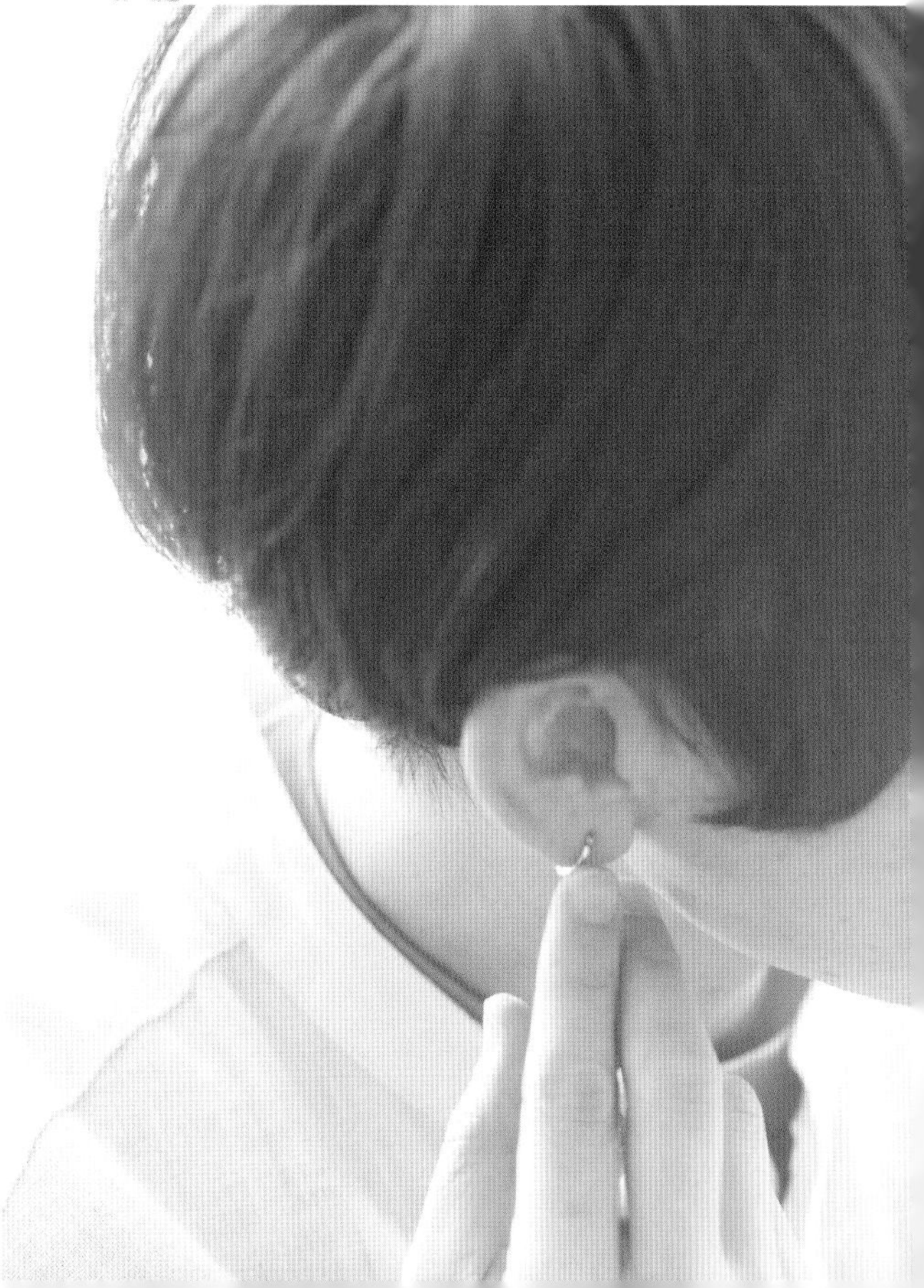

こだわりや決めつけをするのはやめた

私はもともと、「こうあるべき」とか「ふつうはこうでしょ」、そういう固定観念に捉われがちだったと思います。

振り返ってみれば、4年前までは、「母だから」「妻だから」「社会人とは」、そういうことに強くこだわり、いつも肩肘を張っていました。その結果、「このブランドじゃなきゃいけない」「こういうときは、この服」というルールをつくり、服を利用して自分を大きく見せようとしていたのだと思います。日常生活においても、「あれやら

なきゃ」「こうしなきゃ」…そしてできなければ自己嫌悪。そういったことによって、本当の自分を見失い、バランスが取れなくなってしまったのだと思います。

　それから、人目をすこぶる気にするけれど、人からアドバイスされるのはイヤ。きっと「本当の自分」がバレてしまう、そんな恐怖心を抱いていたのかもしれません。融通が利かないし、人の意見を受け入れられない。「すごく堅苦しい人」という印象を持たれていたのではないかと思います（笑）。

　服を手放し、自分を知り、人目が気にならなくなってくると、いろいろなことに、「コレじゃなくてもいいじゃん」「今日できなかったことは、明日やればいい」そんなふうに物事を見られるようになりました。

もちろん、人に迷惑をかけないことや、社会的なルールは大事。でも、私がこれまで縛られてきたのは、自分で勝手に決めた自分ルール。そして私を苦しめるルール。それを手放せたいま、私はとっても身軽です。

ものとともに手放した思考と習慣 4

何でも後回しにするクセをやめた

「あれをしなきゃ」「これもしなきゃ」「早くやらなきゃ」……。そうやって焦ったり、自分を追いつめる一方、いろいろと後回しにしてしまう。かつての私は、そんなふうに心と行動がチグハグでした。

そもそも私は、子どもの頃も夏休みの宿題を最終日に泣きながらやるタイプ(笑)。計画を立てて物事を遂行することが、すごく苦手。根っからの後回しタイプだったのだと思います。ただ、それは「後回し」をしてしまう環境だったからかもしれません。これまでもお伝えしてきたように、片づいている環境だと、作業がスムーズになるんです。逆に散らかっている環境では、「あれはどこ?」「やる場所がない」「やりにくいから進まない」……。結果的に、「後でやろう」となりがちなんですよね。

ものを減らしてからは、まず片づけに対する面倒な気持ちが減りました。片づけができるようになると、その他の作業へのおっくうな気持ちも減りました。それがフットワークを軽くして、後回しグセから解放されたのだと思います。そうなると、もっと効率よくしたくなり、時間を管理したり、スムーズにできる仕組みを工夫するようにもなりました。それから例えば、使い終わったコンロは、後回しにせず早めに掃除しておけば汚れが溜まらず掃除が格段にラク。そして何よりのメリットは、「心のゆとり」ができることだと思います。「あれしなきゃ…」って気にしている時間って心穏やかではないですよね。

ものと　に手放した思考と習慣 5

過度なアルコールや残業をやめた

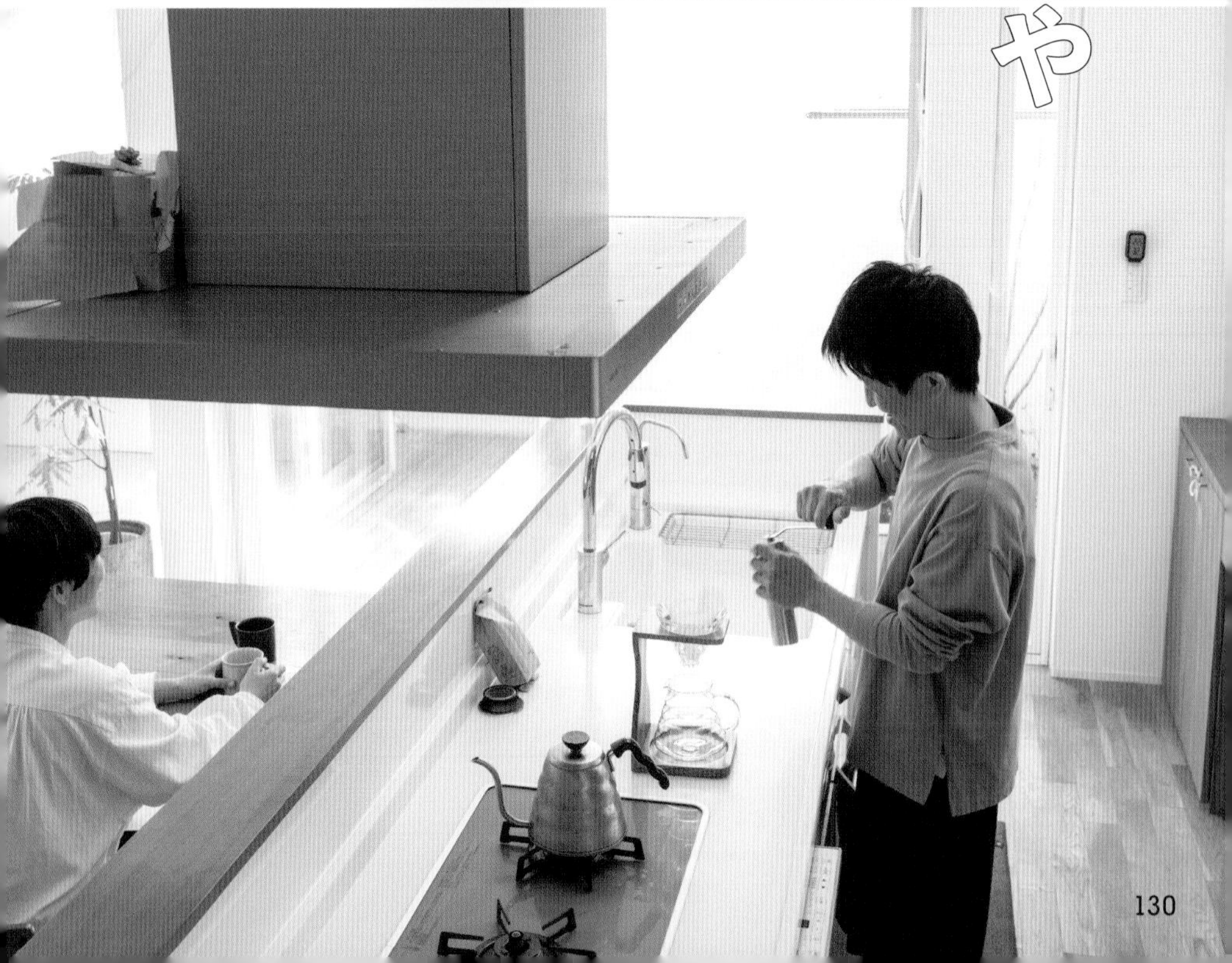

以前の私は好きな食べものを聞かれると、「ビール！」と即答（そもそも、食べものではない）。とにかくお酒が大好きで、「アルコールのない人生なんてつまらない」と、真剣に思っていました。そしてストレスフルな日々は、私のお酒の量をどんどん増やしていったのです。ちなみに夫はまったく飲みません。私だけ毎日晩酌していました。

片づけが進み、少し自分と向き合う時間ができると「さすがに飲みすぎ」「少し控えよう」という気持ちが出てきたんです。もちろん、そんな気持ちになることさえ、片づけ前の私では考えられなかったこと！

そして一定期間飲まないことにしてみたら、これが意外にも「平気」だったのです。

お酒を控えてまず思ったことは、「こんなに時間が増えるの？」ということでした。飲酒後って何も手につかないですよね。だからその日できることが減ってしまいます。自分の時間然り、家族との時間然り。お酒によって失っていたんですね、もったいない！　いまは甘党の夫と、コーヒーとスイーツ。このほうが夫婦の時間も増えるし、お酒よりもずっと心地いい。

以前は残業もしょっちゅう。「いい人に見られたい」という思いから断れず、自分のキャパ以上の仕事を抱えていました。でも、お酒をやめ「時間の価値」を実感してからは、そういった人の目より、家族との時間が大事！　という心境に。だから、計画的に仕事を済ませ、少しでも家族のもとへ早く帰る方法を考えるようになりました。

chapter 5
ものとともに手放した思考と習慣5
過度なアルコールや残業をやめた

身軽になったら時間が増えて自然とできることも増えた

４年前までは毎日時間に追われ「最低限の生活」を維持するだけでやっとでした。それもこれも、ものが多かったから。ものが減り時間と心の余裕ができると、無理なくできることが増えていきました。

それから、ものが減ってくると頭の中のごちゃごちゃが、スッーと晴れていく感覚もありました。「部屋は自分の心を映す鏡」なんて言葉もよく聞くけれど、本当にそうかも！　部屋のごちゃごちゃは、自分自身の心の状態とリンクしていますよね。

もともといろいろやりたいタイプだし、思い立ったら突っ走るタイプ。それもまた、スケジュールを乱し、時間に振り回される原因でした。だからいまは、「やりたいこと」を思い立っても一旦立ち止まり、他の「やるべきこと」と天秤にかけ優先順位を判断しています。ちょっと「衝動買い」をおさえる感覚と似ているかも？　とにもかくにも、ものを減らして身軽になった私は、過去の私が越えようとしなかったハードルを軽快に越えられるようになりました。

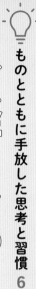

無理なく
できるように
なったこと
01

片づけや掃除

ものが減れば、片づけもラクに！
朝の片づけ、掃除が習慣に

朝、リビングとキッチンをさっと片づけ、お掃除ロボットのスイッチをオン！　それが、出勤前のルーティンです。以前はそんな余裕は皆無。同じ時間に出勤する職場の先輩が「片づけして出勤している」ということを聞いて、ただただ驚くばかりでした。でも、ものが減ったいまなら、そんなにハードルの高いことではないことがわかりました。それから、ものが少なければ、掃除がラク！　多いとお掃除ロボットも動けませんよね。仕事後帰宅し、部屋が片づいていると一気に疲れが吹き飛びます。子どもたちも、ダイニングテーブルの上が片づいていると宿題にさっと取りかかれます。

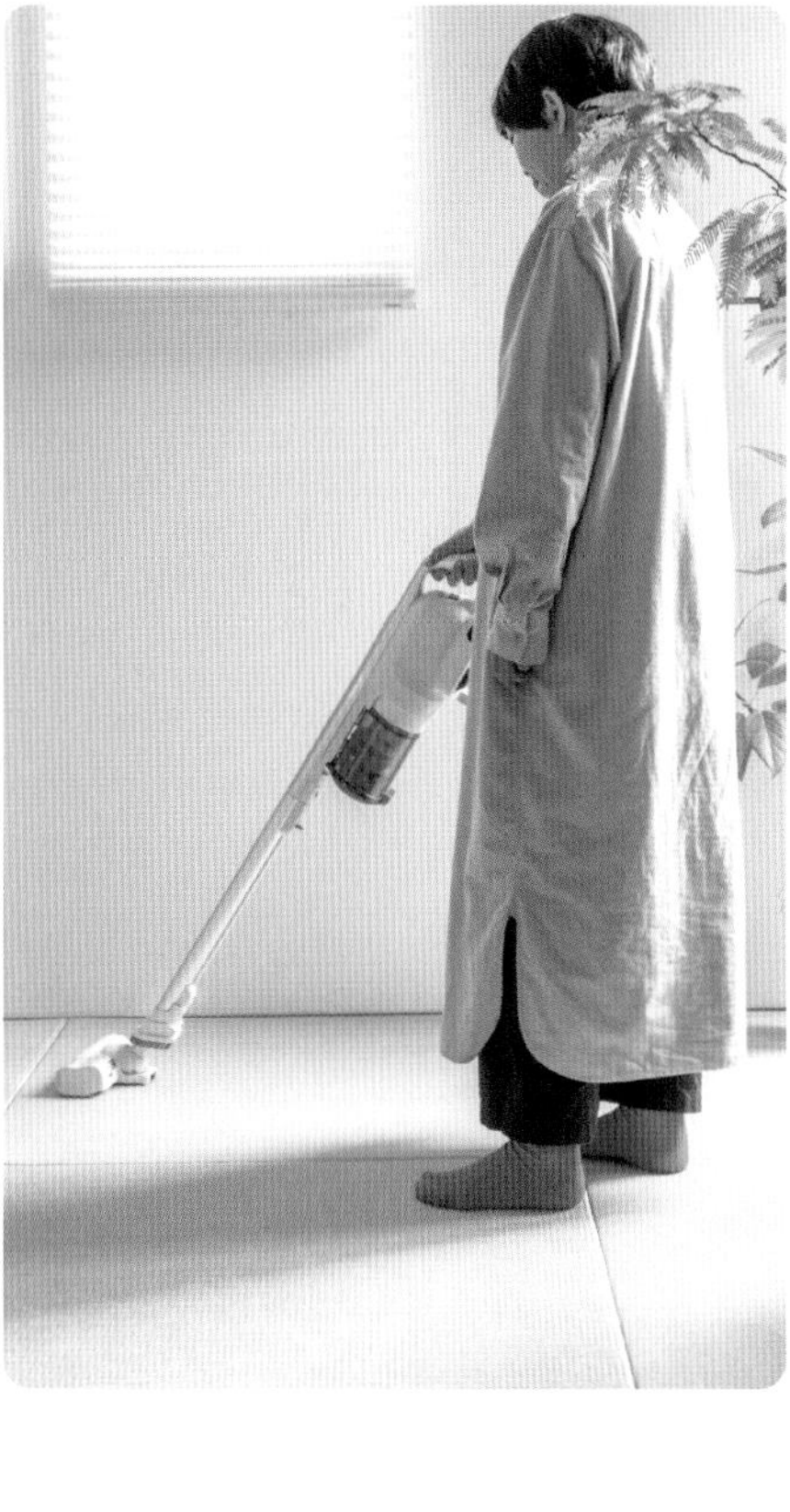

無理なく
できるように
なったこと
02

貯金やお金の管理

以前はカツカツ。いまは、
管理することにも、目を向けるように

不要なものを買わなくなったので、当然お金事情も変化。以前は、児童手当や子どものお年玉も生活費に使うほど、カツカツでした。「家計簿をつければお金が貯まる！」という雑誌の記事を見てトライしたけど、三日坊主だし、全然貯まりませんでした（笑）。そんなわけで当時は家計簿もすぐやめてしまいましたが、ものを減らした後は、管理もできるように。いろいろな管理法を試した結果、「マネーフォワード」という家計簿アプリがマイベスト！

レシートを撮影するだけで家計簿入力ができるので超お手軽。マネー会議と称して、月に1回は夫とお金の話もしています。

無理なく
できるように
なったこと
03

コミュニケーション

ゆっくり話す時間がもたらしてくれたのは、互いを知ること、理解すること

Ｐ13でもお話ししましたが、私たち夫婦はどこかギクシャクした関係が続いていました。そして、お互い座る暇もないほど時間がなかったのです。そうなれば、お互いのことを気遣ったりする余裕もありませんよね。それに、私たち夫婦はお互い「話し下手」なタイプかもしれません。だから、ちゃんと話す時間が取れなければ、会話は減り、溝を深めてしまいがちなのだと思います。そんな私たちの溝を埋めたのはやはり、「時間」だと思います。時間ができたことで、ゆっくり話すことができると、お互いのことが理解できるようになりました。結婚14年目になる私たち夫婦は、いまが一番仲がいい！　そう思います。

無理なく
できるように
なったこと
04

最後まで使い切ること

不要なものを増やさないためには、
買う前に使い切る！

以前は、家に何があるのか把握もできず、日用品も「必要、不要」に関係なく、安いものを見つければすぐ飛びつく。それが戸棚からあふれ、散乱していたわけです…。それから、ものを減らす過程で「使いかけ」が大量にあったこともわかりました。例えばハンドクリーム。パッケージがかわいい、香りがいいなどの理由で、「使っているものがあるのに」買い足し、その封を切れば、使いかけは放置…。家に何があるかがわかり、ものが埋もれない環境になり、ものを大切にする意識も目覚めたいま、「最後まで使い切ってから次を使う」。ストックを持ちすぎないことがふつうになりました。

無理なく
できるように
なったこと
05

時間を大切にすること

時間は有限だからこそ
自分の大切なことに使いたい

以前の私は「時間より、お金が大事！」と、本当に思っていました。だから少しでも安いスーパーを見つけては、はしごもしていたんです。もちろん、お金は大事。でも、片づけをして「心地のいい時間」を体感すると、「こういう時間がもっと欲しい」と思うようになったんです。そしてわかったことは、この時間を生み出してくれたのは、第一に「片づいた環境」だったということ。時間は24時間、みんな平等ですが、その時間をものに振り回されるのか、家族と楽しく過ごすのか…答えに迷いはありません。いまでは、忙しいときは時間を生み出すために、宅配スーパーも利用しています。

大切なことを見失わないようにあれこれ欲張るのをやめた

昔の私は、家族にとっても自分にとっても、「足すこと」こそが、必要だし第一と信じていました。おもちゃや服を大量に買い、自分自身にもたくさん買い…。人からよいと聞くと「自分もやらなきゃ」とか「子どもたちに与えなきゃかわいそう」と、焦って衝動的にあれこれ手を出していました。その考えによって、どんどん汚部屋の道へと進んでいくことになるわけです。

そして、それまで「足すこと」一辺倒だった私が、片づけを通じて覚えたのは、「やめること」「引くこと」です。いままで当たり前にやっていたことをやめるのって、勇気が必要ですよね。それから、「やめること＝損をすること」とも思いがち。でも決してそうではないと思うのです。

やめること、つまり「手放す」ことは新しいことをつかむチャンス。だって、自分のキャパシティがパンパンだったら、新しいチャンスは入ることができないですよね。楽しいこと、すてきなことを取り逃してしまいます。だから、クローゼットの中も、

引き出しの中もそうですが、人生においても「余白」って、大事だなって思います。

いまの私にとって大切なことは「家族と過ごす時間」。中庭でバーベキューをしたり、お好み焼きパーティーをしたり。大切な人と過ごす「時間」は本当にかけがえのないものです。そして、こういった時間があれば、以前のように多くのものはいりません。私は「もの」を手放し余白をつくったことで、「幸せな時間」をつかめたのですから。

不安がないのは『いまがずっと続く』。そう思えているから

いいことがあると、「この幸せはきっと長くは続かない」。そう思うクセがありました。例えば、「人生、山あり谷あり」って言葉。「ここからは山だ」「ここからは、いいことあるさ」って、ポジティブに使う人のほうが多いと思うのですが、昔の私はそうは思いませんでした。「ああ、後は下るだけ」…。そんなふうに、ネガティブに捉えることのほうが、得意だったんです（笑）。

でも、かけがえのない家族とともに「いま」この瞬間の楽しさを味わえるようになってからは、「未来」を心配するクセがなくなりました。起こりもしない未来を想像し、大切な「いま」の時間を不安で押しつぶしたくない…。それに、以前は「続かない」と思った幸せが、「ずっと続く」そんな感覚も、

信じられるようになったのです。「ああ、未来も『いま』が続いていくんだな」と思えるようになり、変わらない幸せが想像できると、心はどんどん軽くなっていきました。

以前はお金の不安も強くありました。でも、ものを手放し、コンパクトな暮らしができるようになると、「そのときどきの自分に合わせて、暮らしを変えていけばいい」そんなふうに思うようになりました。

そして、未来のことは、そのときにならないとわからない。心配したって仕方ないし、「きっとどうにかなる」。そんなふうに捉えられる、昔の私と真逆の自分がここにいます。だって私が生きているのは「いま」だから。目の前にある「いま」を大切に、存分に楽しみたいのです！

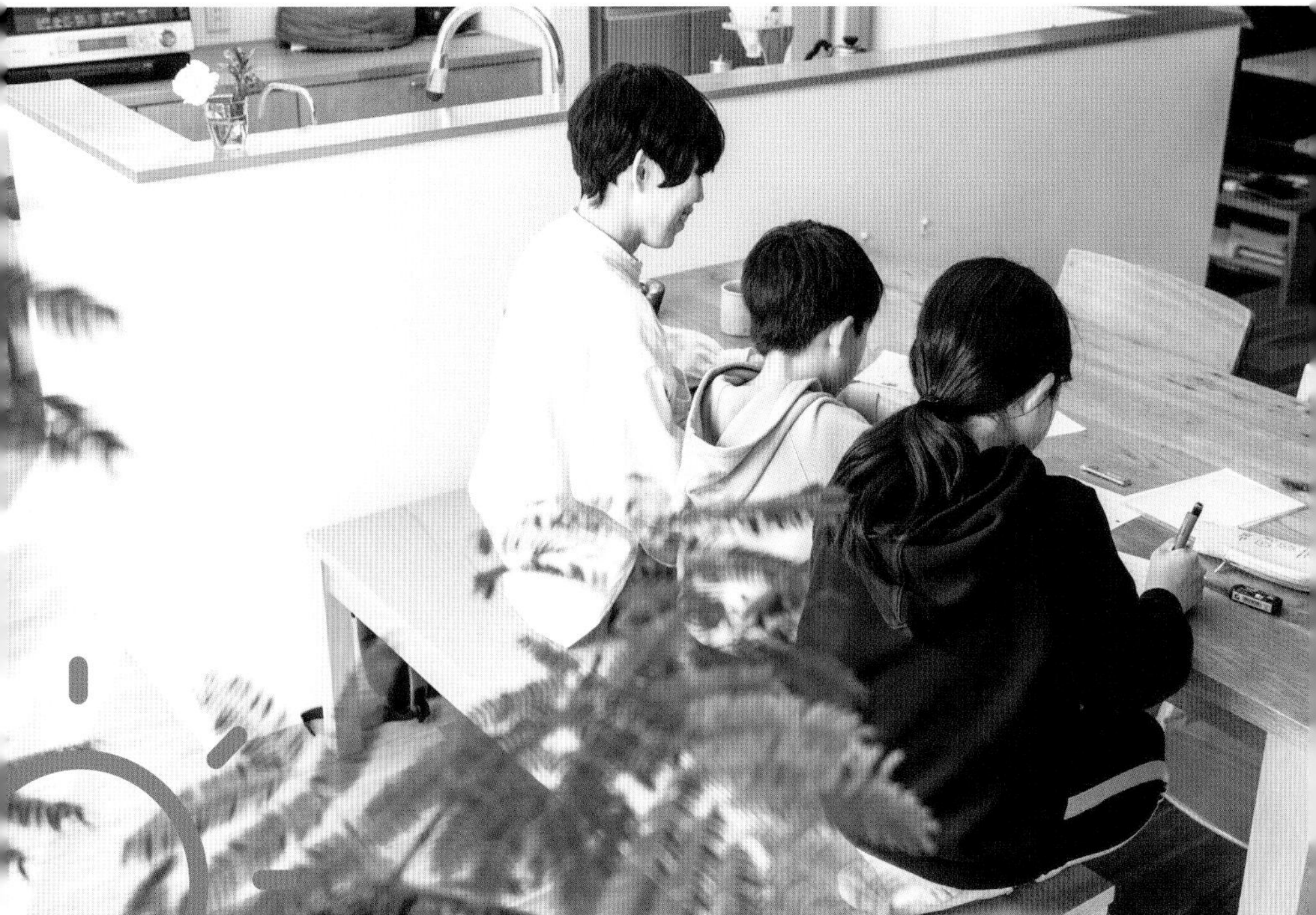

chapter 5
ものとともに手放した思考と習慣8
不安がないのは「いまがずっと続く」。そう思えているから

おわりに

最後までお読みいただき、ありがとうございます。
振り返ってみれば、私はこの4年間を夢中でものと向き合ってきました。寝る間を惜しんで没頭し、夫に注意されたことも、夏休みに子どもたちとおもちゃの片づけをがんばったことも、いまではいい思い出です。

片づけをしていくと、大きく立ちはだかる「壁」のようなものにぶち当たることがあります。以前は、向き合うのが面倒だし後回しにしたい気持ちのほうが大きかったように思います。でも、「いつか…」いう気持ちを手放して、「いま」と向き合い、乗り越えてきました。

すると、手放したもの以上の大きな幸せが、私のもとに飛び込んできたのです。でもそれって「前からずっと、そこにあった幸せ」なんですよね。

きっと私のように、「そこにある幸せ」を見逃している人も多いのではないでしょうか。私の場合は「もの」の多さも障壁になっていましたが、忙しかったり、心に余裕がなかったりすると、幸せって見えなくなってしまうことがあると思うのです。

片づけの先には、きっと幸せがあります。この本がそれを見つけるきっかけになれば、とてもうれしいです。また、片づけられないと悩んだり自分を責めたりせず、自分に合った片づけ方法や自分のスピード、自分の適量を見つけるヒントになったら幸いです。

本のお話をいただいたときは、本当にびっくりしましたが、夫に相談したら、とても喜んでくれました。子どもたちもとても楽しみにしてくれています。そんなふうに家族に応援してもらえるなんて幸せだなと思いますが、これも、ものを手放したことで得られた幸せなんですよね。

それから、こうして出版ができるのは、インスタグラムのフォロワーのみなさんや音声配信メディア「Ｖｏｉｃｙ」を聴いてくださるみなさんのおかげです。みなさんからいただくメッセージに、私はいつも支えられています。本当にありがとうございます。

最後にこの本を手に取ってくださったみなさん、いつも応援してくれるみなさんに改めて感謝を申し上げます。そしてこの本が、一人でも多くの人に役立つことを願って。

みや

制作スタッフ

デザイン　太田玄絵
撮影　内田トシヤス、みや
イラスト　くぼあやこ
編集制作　柿沼曜子
編集長　山口康夫
企画編集　見上 愛

イツカを手放して イマを身軽に生きる方法

2023年6月1日 初版第1刷発行

著者　みや
発行人　山口康夫
発行　株式会社エムディエヌコーポレーション
〒101-0051　東京都千代田区神田神保町一丁目105番地
https://books.MdN.co.jp/
発売　株式会社インプレス
〒101-0051　東京都千代田区神田神保町一丁目105番地
印刷・製本　シナノ書籍印刷株式会社

Printed in Japan

【カスタマーセンター】

造本には万全を期しておりますが、万一、落丁・乱丁などがございましたら、送料小社負担にてお取り替えいたします。お手数ですが、カスタマーセンターまでご返送ください。

◎落丁・乱丁本などのご返送先
〒101-0051　東京都千代田区神田神保町一丁目105番地
株式会社エムディエヌコーポレーション カスタマーセンター
TEL：03-4334-2915

◎内容に関するお問い合わせ先
info@MdN.co.jp

◎書店・販売店のご注文受付
株式会社インプレス　受注センター
TEL：048-449-8040／FAX：048-449-8041

ISBN978-4-295-20514-2
C0077